AF198249

WOLFGANG NIEDECKEN
Bob Dylan

Wolfgang Niedecken über BOB DYLAN

KiWi MUSIKBIBLIOTHEK

Noch mehr Lesespaß mit der Playlist zum Buch:
www.kiwi-verlag.de/playlists

*Für meine Frau,
meine Kinder
und meine Enkel*

Half of the people can be part right all of the time
Some of the people can be all right part of the time
But all of the people can't be all right all of the time
I think Abraham Lincoln said that.
I'll let you be in my dreams, if I can be in yours.
I said that.

Songs sind wie Träume,
die man wahr zu machen versucht.
Sie sind wie fremde Länder, die man bereist.

WASHINGTON

Als ich 2002 zum ersten und bisher letzten Mal in Washington zu tun hatte, gab's Stress mit dem Zöllner. Die Leute vom Goethe-Institut hatten mich eindringlich davor gewarnt zuzugeben, dass ich so was wie einen Gig spielen würde, denn dafür bräuchte man ein Arbeitsvisum. Ein solches zu beantragen wäre allerdings zu aufwendig für die Handvoll Songs, die ich in einem Programmkino spielen sollte, wo die untertitelte Version von Wim Wenders' BAP-Film »Viel passiert«, benannt nach meiner Coverversion von Bob Dylans »My Back Pages«, vorgestellt würde. Ein Touristenvisum müsste genügen. Der Kerl an der Gepäckkontrolle war allerdings stutzig geworden, als er in

meinen Gitarrenkoffer guckte und eine perlmutt-
verzierte Martin-Gitarre vorfand. Ich Idiot musste
natürlich auch unbedingt meine teuerste Akustik-
gitarre mitnehmen, die mich unnötigerweise als
Profi entlarvte. Ob ich etwa vorhätte, in den Vereinigten Staaten aufzutreten? Nein, nein, … auf
gar keinen Fall, ich hätte die Gitarre nur mitgenommen, um hier und da mal ein bisschen drauf
rumzuklimpern. Vielleicht würde mir ja bei so einer Gelegenheit ein neuer Song einfallen … hier
in dem Land, wo Country-, Folk- und Rockmusik
ihren Ursprung haben. Immerhin war mir eine relativ gute Ausrede eingefallen, aber ich schwitzte
trotzdem Blut und Wasser, als er sich daraufhin
mein Ticket zeigen ließ. Es war natürlich ein Rück-
flugticket, und blöderweise war ich schon in dreieinhalb Tagen auf den Abendflug nach Frankfurt
gebucht, was klar darauf schließen ließ, dass ich
in Washington einen Job zu erledigen hatte. Blöde
Zwickmühle. Ich hätte ja sagen können, dass das
deutsche Goethe-Institut diese Filmpremiere geplant und mich als Protagonisten dazu eingeladen
hätte, um gegebenenfalls ein paar Fragen von inte-

ressierten Journalisten zu beantworten. Aber wieso dann diese teure Gitarre?! Ich kann mich beim besten Willen nicht mehr daran erinnern, wie ich es geschafft habe, mich aus dieser Situation herauszudribbeln, vielleicht habe ich dem Mann ja auch einfach nur leidgetan, und er hat Gnade vor Recht ergehen lassen.

Die restlichen Erinnerungen an diesen Trip sind schnell erzählt: Eine erste gejetlaggte, fast schlaflose Nacht, beim Frühstück habe ich zum ersten Mal mitgekriegt, dass amerikanisches Kettenhotel-Rührei mittels einer erhitzten Pampe aus Plastikkanistern erzeugt wird (wahrscheinlich ist das in unseren Gefilden nicht anders, jedenfalls habe ich nach diesem Erlebnis in Hotels stets auf Rührei verzichtet). Eine Ausstellung im Hirshhorn-Museum, unter anderem mit Bildern aus der wichtigsten Phase von Larry Rivers, hab ich besucht. In einem Viertel, das hauptsächlich von Äthiopiern bewohnt wird, habe ich mir einen schwarzen Wollschal mit zwei dezenten Streifen der grün-gelb-roten äthiopischen Nationalflagge gekauft, den ich dann zwei Jahre später in einem Zug von Bremen nach Hamburg vergessen habe. Und wenn es mir draußen zu kalt wurde, hab ich mich in gemütliche Cafés gesetzt, um in John Irvings »Garp und wie er die Welt sah« weiterzulesen. Ein freundlicher Betreuer vom Goethe-Institut hat mir das White House gezeigt, aber bis nach Georgetown, was mich eher interessiert hätte, bin ich aus Zeitgründen nicht vorgedrungen. Wenigstens habe ich für meinen Sohn Robin einen marineblauen Sweater mit Georgetown-Aufdruck in einem Secondhandladen erstanden. Die Veranstaltung selbst in einem Kino in der Nähe vom Washington-Hilton, wo – wie ich damals erfuhr – an meinem dreißigsten Geburtstag das Attentat auf Ronald Reagan stattgefunden hatte, habe ich in positiver Erinnerung: Der Film kam gut an, meine Handvoll kölscher Songs ebenfalls, und fern der Heimat hab ich an diesem Abend Tom Buhrow kennengelernt, der damals noch Leiter des ARD-Studios in Washington war. Bekennender Dylan-Fan übrigens. Von ihm stammt die Erkenntnis, dass Dylan noch nie etwas ihm zuliebe getan hätte. Was heißt, dass er immer sperrig, eigenständig geblieben sei, sich nie irgendwo angebiedert habe. Ich fand, dass Tom diese Tugend sehr knapp, aber trotzdem anschaulich definiert hatte. Ich habe diesen Satz danach noch oft zitiert, natürlich immer brav mit Quellenangabe, wie's sich gehört.

Erinnerungen dieser Art gehen mir in der Regel durch den Kopf, wenn ich mich irgendwo kurz vor der Ankunft in einer Stadt befinde, in der ich schon mal war. Meistens natürlich auf Tournee, und oft wundern sich die Leute, wie viel ich von Gigs, die manchmal bis zu vierzig Jahre zurückliegen, noch im Gedächtnis habe – Zahlen (außer einigen Jahreszahlen) allerdings ausgeschlossen. Ich kann mir nicht mal meine eigene Telefonnummer merken. Wieso auch? Erstens ist die eingespeist, und zweitens rufe ich mich nie selbst an.

Beim Anflug auf Washington im September 2017 war ich froh, dass diesmal alle Formalitäten für meine Frau und mich gesetzeskonform erledigt waren. Das hatte die Berliner Produktionsfirma besorgt, in deren Auftrag wir eine fünfteilige Dokumentation für Arte mit dem Arbeitstitel »Prophet eines anderen Amerikas/Wolfgang

Niedecken auf den Spuren von Bob Dylans USA« drehen wollten. Hannes Rossacher, die zweite Hälfte von DoRo, einem Rockjournalisten-Duo aus Wien, mit denen wir unter anderem 1984 unser Video zu »Alexandra, nit nur du« in der ehemaligen Wiener Getreidebörse gedreht hatten, hatte mich auf einer Preisverleihung in der Frankfurter Festhalle gefragt, ob ich Lust hätte, dabei mitzuwirken. »Ist der Papst katholisch?«, hatte ich geantwortet, und dann nahmen die Dinge auch schon ihren Lauf. Als Erstes mussten Terminkalender gecheckt werden, weil Hannes unbedingt im Indian Summer, also im Herbst, drehen wollte, der Jahreszeit, in der die Vegetation überall in Nordamerika am farbenfrohesten ist – so kam der September 2016 schon mal nicht infrage. Da war ich mit BAP bereits auf diversen Sommerfestivals gebucht, außerdem hätte ich keinen Zeitraum mehr gefunden, um mich ausführlich auf ein solches Unterfangen vorzubereiten. Nein, das sollte schon alles Hand und Fuß haben, schließlich waren wir keine Trampelpfadfinder, die sich nur auf ausgetretenen Pfaden bewegen wollten. Im Gegenteil, wir wollten uns notfalls auf der Suche nach dem Besonderen mit Macheten den Weg durchs Unterholz schlagen. Kurz nach meiner Zusage hatte Hannes eine sinnvolle Route ausbaldowert, die allerdings nicht entsprechend der Chronologie von Dylans Leben verlaufen konnte, sonst hätten wir in Duluth mit den Dreharbeiten anfangen müssen, in der Stadt am Lake Superior, wo Bob geboren wurde. So wäre unser Roadtrip dann im Zickzackkurs verlaufen und hätte ohne Not unser Budget gesprengt.

Dieses eine Jahr, in dem wir ausführlich Zeit zum Vorbereiten hatten, auch wenn alle Beteiligten teilweise manchmal anderweitig verplant waren, war ein Geschenk des Himmels. So war ich beispielsweise nach der »Lebenslänglich«-Tour in erster Linie damit befasst, mein Familienalbum »Reinrassije Strooßekööter« vorzubereiten und es dann im Mai '17 in New Orleans aufzunehmen. So was macht man nicht nebenbei, trotzdem habe ich in dieser Phase auch immer wieder mal an die bevorstehende Reise im Herbst gedacht und mir dazu die eine oder andere Idee notiert. Aber um mich ausschließlich auf unser Dylan-Projekt konzentrieren zu können, musste ich definitiv raus aus meinem Kölner Alltag mit all seinen Verpflichtungen. Einen besseren Grund für eine zweiwöchige Extra-Kreta-Auszeit kann es wohl kaum geben. Also kurzfristig Judith und Thanassis in Kamilari angerufen, ob sie mir ab Mitte Juli eine Unterkunft besorgen könnten, aus meinen vier laufenden Metern Dylan-Literatur die wichtigsten Bücher ausgewählt, diese in meinem Pilotenkoffer verstaut (für den ich dann natürlich ordentlich Übergepäck löhnen musste), und wenig später saß ich auch schon in einem spartanisch eingerichteten Häuschen mit Meerblick und freute mich diebisch darüber, wieder mal außerplanmäßig meinem Heimathafen entkommen zu sein. Mich vierzehn Tage, von morgens bis abends, unter traumhaften Bedingungen mit der Biografie meines zehn Jahre älteren Kollegen befassen zu können, der mich wie kein zweiter künstlerisch geprägt hat, war ein Privileg sondergleichen. Ich hatte sämtliche Dylan-Alben auf meinem iPad gespeichert und eine ordentliche Box eingepackt, damit ich auch, was die musikalische Umsetzung seiner Poesie betrifft,

nicht ausschließlich auf meine Erinnerungen ange-
wiesen sein würde. Ich musste noch mal an diesen
Marokko-Trip ungefähr zehn Jahre zuvor denken,
als ich mutterseelenallein freiwillig den ganzen
Weg von Köln bis Gibraltar und nach dem Über-
setzen nach Tanger noch bis ins Riff-Städtchen
Chefchaouen im Auto gefahren bin und sämtliche
Dylan-Alben chronologisch durchhören konnte.
Und zwar vom 62er-Album, auf dem er spiegelver-
kehrt abgedruckt wurde, weil das dem zuständigen
Grafiker wohl besser in den Kram passte, bis zum
damals aktuellen Album »Modern Times«, ohne
dass jemand seufzend anmerkte: »Können wir jetzt
auch mal was anderes hören?« Ich habe mich un-
gelogen keine Sekunde gelangweilt. Im Gegenteil: Viele Songs kamen mir wie lang vermisste alte
Freunde vor, sodass ich lediglich bedauerte, sie
nicht fragen zu können, wie es ihnen in der Zwischenzeit ergangen war. Zu den Klängen von »The
Levee's Gonna Break« bin ich von der Landstraße
abgebogen, und auf der malerischen Serpentinen-
strecke bis zur Kasbah begleitete mich der Meister
als unglücklicher Pilger, der sein endgültiges Ziel

doch noch nicht gefunden hat. Immerhin endet »Ain't Talkin'« schließlich, obwohl der ganze Song ansonsten in Moll gehalten ist, optimistisch auf einem Dur-Akkord. Erst in Marrakesch habe ich meine drei Grazien auf dem Flughafen eingesammelt, und von da an wurden eher Johnny Cashs sensationelle »American Recordings« gehört oder die Beatles, deren Songs in unserer Familie noch nie abgewählt wurden. Ab und zu konnte ich noch mal unwidersprochen »Blood on the Tracks« oder »Desire« dazwischenschmuggeln, insofern war alles okay.

Am Morgen des 28. Juli 2017 ploppte unter kretischer Sonne auf meinem iPad die Nachricht auf, Sam Shepard sei gestern gestorben. Ich war geschockt. Sam Shepard war ein guter Freund von Wim Wenders, mit dem zusammen er am Drehbuch von »Paris Texas« und »Don't come knocking«, in dem er zusätzlich auch noch die Hauptrolle, einen alternden Westernstar, spielte, gearbeitet hatte. Wir hatten ihn für den geplanten Film auf unserer Interview-Liste, weil wir ihn über seine Zusammenarbeit mit Bob Dylan an dessen Film »Renaldo und Clara« befragen wollten. Außerdem war Shepard auch Koautor des Songs »Brownsville Girl«, dem einzig wirklich gelungenen Track auf dem Album »Knocked Out Loaded«, aus einer Zeit, als Dylan sich in einer Midlife Crisis befand und ansonsten einen ziemlich orientierungslosen Eindruck hinterließ. Ein elfminütiges Meisterwerk, eine Art Wildwest-Roadmovie, das zwischen San Antonio, Alamo und den Rocky Mountains spielte und offensichtlich von dem Film »The Gunfighter« mit Gregory Peck inspiriert war. Und weil ja alles mit allem zusammenhängt, nur der Vollständigkeit halber: Ringo Starr hat seinen Künstlernamen vermutlich aus ebendiesem Western, denn Gregory Peck spielte einen in die Jahre gekommenen Revolverhelden namens Jimmy Ringo, den Antihelden in einem Hollywood-Film ohne Happy End. Sam Shepard war am Tag zuvor 73-jährig an der tückischen Nervenkrankheit ALS verstorben. Was blieb mir groß übrig, als raus auf die Terrasse zu gehen, meine Kopfhörer aufzusetzen, »Brownsville Girl« auf meinem iPad anzuwählen und mit Blick auf die beiden kleinen unbewohnten Paximadia-Inseln, die Kalamaki vorgelagert sind, meine eigene kleine Andacht zu feiern. Heute Abend würde hinter diesen Inselchen die Sonne untergehen und vielleicht meine dankbaren Grüße an einen großartigen Künstler mit zu ihm nach Midway, Kentucky nehmen, wo sie in ungefähr sieben Stunden wieder aufgehen würde.

Als Erstes hatte ich mir auf Kreta noch einmal Dylans Autobiografie »Chronicles/Volume One« vorgenommen. Ich hatte nach ihrer Veröffentlichung die deutsche Hörbuch-Fassung eingelesen und war sogar zu einer Art Lesereise durch die deutschsprachigen Länder aufgebrochen, bei der ich auch einige seiner Lieder in Originalsprache zu ausgewählten Passagen gespielt hatte. Es wäre mir nicht im Traum eingefallen, bei dieser Gelegenheit eingekölschte Versionen vorzutragen. Das hätte ich als respektlos empfunden. Im Gegenteil, es hat mir sehr viel Spaß gemacht, die Songs in ihrer rohesten Fassung, nur von Gitarre und Mundharmonika begleitet, zu singen, ohne darauf achten zu müssen, ob alle im Publikum auch wirklich kapierten, was sie da hörten. Zu Anfang der BAP-Zeit, als ich in den Kölner Szenekneipen meine Talking-Blues-inspirierten Lieder mit exakt diesem Instrumentarium spielte (was mir dann auch prompt den Titel »Südstadt-Dylan« bescherte), war es dagegen immer extrem wichtig gewesen, die Reaktionen der Leute nicht aus dem Blick zu verlieren. Ich hatte schnell begriffen, dass ich mit nachvollziehbaren, wenn auch oft abstrusen Geschichten das Publikum am besten bei der Stange halten konnte. Ideal war es übrigens, wenn es bei den Liedern was zu lachen gab. Bei traurigen Songs drehten sich die Leute zur Theke, tranken Bier und unterhielten sich, als ob ich gar nicht anwesend wäre. Bei Dylans von mir eingekölschtem »Motorpsycho Nightmare« oder der »Sinnflut«, inspiriert vom »Talkin' Bear Mountain Picnic Massacre Blues«, erreichte ich ungeteilte Aufmerksamkeit. Fast unser komplettes erstes Album bestand aus Liedern, mit denen ich meine Kneipengigs bestritt. Was hier funktionierte, war allerdings mit der Band schwierig umzusetzen, denn die Songs hatten unendlich viele Strophen und waren schon von daher schwer zu arrangieren. Außerdem durften wir nicht wirklich laut rocken, weil dann der Text ja nicht mehr zu verstehen gewesen wäre. Abgesehen davon waren unsere musikalischen Fähigkeiten auch eher limitiert. Eigentlich ein klassisches Dilemma, das wir aber nach und nach bewältigt haben.

Die »Chronicles« lasen sich für mich wie ein Bildungsroman. Der Mann, der sich nie gerne interviewen ließ, entschied hier selbst, was sein Publikum über sein Privatleben angehen würde und was nicht. Auf Fragen, wie man seine Songs zu interpretieren habe, antwortete er ohnehin mit schöner Regelmäßigkeit : »It's all in the song«, und das war's. Was sein Privatleben betrifft, gab es bisher wenig Einblicke. Umso erfreulicher, dass er diesmal sogar über einige fragwürdige Phasen seiner künstlerischen Entwicklung uneitel und unprätentiös Auskunft gab, sodass man sich mühelos in ihn hineinversetzen konnte. Trotzdem wird das, was er uns mitzuteilen hat, nie zu einer sentimentalen Beichte. Wenn ich jemandem nur ein einziges Dylan-Buch empfehlen dürfte, dann »Chronicles«. Dabei erhebt es nicht mal den Anspruch auf Vollständigkeit, riesige Lücken tun sich auf, von denen man hofft, dass sie eventuell in »Volume Two« oder »Volume Three« geschlossen werden. Die meisten Spezialisten und Dylanologen sind sich allerdings ziemlich sicher, dass der Meister mal wieder eine seiner falschen Fährten gelegt und gar nicht vorhat, weitere Folgen zu schreiben. Aber wer weiß, vielleicht sind die Bücher ja schon längst geschrieben, und er wartet nur auf eine günstige Gelegenheit zur Veröffentlichung. Mich würde das sehr freuen, denn auch auf meiner persönlichen Dylan-Landkarte gibt es noch jede Menge Flecken mit der Aufschrift »Terra incognita«, die nur er selbst ausmalen könnte.

Die anderen Bücher, die ich mit nach Kreta genommen hatte, waren Robert Sheltons »No Direction Home«, Gisbert Haefs präzise Lyrics-Übersetzungen des Meisters und Suze Rotolos »Als sich die Zeiten zu ändern begannen«, allerdings eher zum Nachschlagen. Suze Rotolo ist das Mädchen, mit dem Dylan 1962 seine erste New Yorker Wohnung in der 4th Street bezogen hat. Sie ist jedem Dylan-Fan dadurch vertraut, dass sie Arm in Arm mit ihm auf dem »Freewheelin'«-Cover in der winterlichen Jones Street abgebildet ist. Ein Buch, das, ohne zu geschwätzig zu sein, unerwartet eine ganz persönliche Perspektive eröffnet.

Und so saß ich dann von morgens bis abends an einem großen Tisch und habe mich regelrecht in die Materie verbissen. Ich hatte mir eine Kladde so angelegt, dass ich meine Ideen unter die einzelnen Stationen unserer geplanten Reise stichwortartig notieren konnte. Wenn mir ein Gedanke besonders bemerkenswert schien, habe ich ihn gleich per Mail an Hannes Rossacher versendet. Eine denkbar einfache Methode, ich musste lediglich meine Bleistiftnotizen mit dem iPad fotografieren und das Foto per E-Mail losschicken.

Erst im Holiday Inn in Washington lernte ich dann im September 2017 in übermüdeter Verfassung den Rest unserer sechsköpfigen Reisegruppe kennen, nämlich Alex Seidenstücker und Daniel Waldecker, die für Kamera und Ton zuständig waren und schon ein paar Tage vorher angereist waren, um mit Hannes und seinem Assistenten Christoph Pöthke die Drehorte in New York City und Washington DC zu checken. Relativ schnell wurde uns klar, dass diese Unternehmung nichts für Weicheier und Langschläfer war. Man brauchte nur mal in den Schedule für den kommenden Tag zu schauen. Die Begriffe »Ausschlafen« und »Akklimatisieren« fehlten einfach. Stattdessen stand da: Wake-up-Call 5:30 a.m., Drehbeginn 6:30 a.m. Keine Gefangenen! Der erste Dreh sollte auf den Stufen des Lincoln Memorial stattfinden, und zwar bei Sonnenaufgang. Beim »Marsch auf Washington für Arbeit und Freiheit« war hier im August 1963 unter anderem auch Bob Dylan gemeinsam mit Joan Baez vor über 250 000 Menschen aufgetreten, bevor Martin Luther King seine legendäre »I have a dream«-Rede gehalten hatte. »Blowin' In The Wind« gab es an diesem Tag zweimal zu hören, weil auch Peter, Paul and Mary, ein von Dylans Manager Albert Grossman zusammengecastetes Bilderbuchtrio, das mit dem Lied an der Westküste ordentlich Airplay hatte, es sich nicht hatte nehmen lassen, seine populäre Coverversion zu performen. Das wiederum hatte zur Folge, dass sich Dylans melancholischer Folksong in deren Fassung zum Welthit mauserte und schließlich wesentlich bekannter wurde als das Original.

Ich kann mich nicht mehr an das Jahr erinnern,

aber ich vermute mal, dass ungefähr zwei Jahre nach dieser Kundgebung im Verlauf des allsonntäglichen Frühschoppens nach der Elf-Uhr-Messe in St. Severin beim Wirtz gegenüber vom Krankenhaus der Augustinerinnen, besser bekannt unter dem Namen »Et Klösterchen«, das Gespräch irgendwie auf Bob Dylan kam. Zu der Zeit war meine schulische Karriere in Köln längst beendet, und ich war auf einem Internat, dem Rheinbacher Konvikt St. Albert, in der Voreifel gelandet. Meine Kindheit inklusive Pfadfinderzeit war abgeschlossen, die Beatles hatten mein Leben in eine komplett andere Richtung gelenkt, ich hatte meine ersten zarten Erfahrungen mit Mädels und spielte Bassgitarre in einer Beat-Band, weil Paul McCartney mein damaliges Role Model war. In meiner alten Kölner Clique gab es natürlich auch eine Band, die hauptsächlich Kinks-Songs coverte und deshalb nach deren drittem Album benannt wurde: The Kontroversies. Meine Schulfreunde Addi Bach und Theo Düllberg waren Gitarrist und Sänger der Umstrittenen. An den Rest der Besetzung kann ich mich nicht mehr erinnern, ich weiß nur noch, dass der Bassist Ernie hieß und außer einer Paul-McCartney-Frisur auch noch einen original Höfner Violin-Bass besaß, besser bekannt unter dem Namen Beatles-Bass, um den ich ihn sehr beneidete. Ich selbst hatte mir nur einen namenlosen, mit rotem Kunstleder überzogenen Bass aus dem Quelle-Katalog leisten können. Jedenfalls saßen wir vollzählig am längsten Tisch der Kneipe, das verwegenste Getränk hieß Coca-Cola, und irgendeiner fragte mich, was ich eigentlich von Bob Dylan hielte. »Keine Ahnung, kenn ich nicht, wer soll das sein?« – »Jetzt sag bloß nicht, dass du »Blowin' In The Wind« nicht kennst!« – »Doch, kenne ich, da kann ich aber überhaupt nix mit anfangen.« Offensichtlich hatte ich jedes Mal unmittelbar auf Durchzug geschaltet, sobald die süßliche Peter, Paul and Mary-Version im Radio zu hören war. So was war mir eindeutig zu brav. Wir spielten damals hauptsächlich Stones-Songs: »I'm Free«, »Satisfaction«, »Get Off Of My Cloud«, »Tell Me« und wüste Improvisationsstücke wie »I'm Alright«, die man bei Bedarf über eine Viertelstunde strecken konnte. Wenn man überhaupt bei Frauenstimmen hinhörte, dann waren es The Crystals, The Shirelles, Little Eva oder The Ronettes. Vor allem Ronnie Spectors Stimme kam aus einem völlig anderen Universum und sang von etwas, was uns feuchte Träume bescherte.

Es war noch dunkel, als wir zu Fuß zum Lincoln Memorial aufgebrochen sind. Ich, wie ab sofort immer, mit meinem Gitarrenkoffer, um gegebenenfalls einen passenden Song beizusteuern. An diesem Tag würde es auf den Stufen des Memorials »The Times They Are A-Changin'« sein. Hannes hatte aber vor allem die Idee, dass ich bei Sonnenaufgang mittels einer kleinen Wasserflasche die Inschrift I HAVE A DREAM, eingraviert in die Marmorplatten exakt da, wo Martin Luther King damals seine berühmte Rede gehalten hatte, anfeuchten und damit sichtbar machen sollte. Oft, wenn ich eine meiner Autogrammkarten mit diesem Foto signiere, muss ich an diesen ersten Morgen unserer Dreharbeiten denken, denn Tina hat dort nebenbei ein Foto geschossen, auf dem ich an dieser Stelle sitze und hinter mir in Stein gemeißelt der Präsident, der 1865 die

Sklaverei abgeschafft hat. Erstaunlicherweise sehe ich auf diesem Foto noch nicht mal übermüdet aus. Im Verlauf des Vormittags wurde dann noch an diversen Stellen auf der Strecke zwischen Lincoln Memorial und dem gegenüberliegenden Capitol gedreht. Auch auf dem Union Square, wo traditionell die Amtseinführungen der Präsidenten stattfinden, wo Bob Dylan damals zur Inauguration von Bill Clinton »Chimes Of Freedom« spielte und Beyoncé ein paar Jahre später bei Obamas Amtseinführung auftrat. Céline Dion, Elton John, Kiss (!) und Andrea Bocelli sollte man übrigens dankbar dafür sein, dass sie den Organisatoren von Trumps Feierlichkeiten einen Korb gegeben hatten. Die Fernsehbilder dieses Tages hatte ich per Internet in der indischen Provinz Goa verfolgt und war erstaunt darüber gewesen, wie auffallend wenige Menschen erschienen waren. Die erste von Abertausenden Lügen seiner Amtszeit hatte ja gelautet, es wären so viele Leute wie noch nie gekommen. Dabei konnte doch jeder Fernsehzuschauer mit eigenen Augen sehen, dass die National Mall nur zu einem Drittel gefüllt war. Egal.

Getreu Jonathan Swifts Satz »Lügen fliegen, und die Wahrheit humpelt hinterher« hat er auch danach immer wieder die haarsträubendsten Dinge behauptet, und das wirklich Erstaunliche dabei ist, dass er mit seinem Sperrfeuer von Lügen immer wieder durchgekommen ist. Offensichtlich, weil so was seine wahlweise schwarmdemente, verblödete, zynische oder einfach nur ignorante Wählerschaft einfach nicht interessiert. Hauptsache: America First. Ich kann mich noch gut daran erinnern, warum ich vor ungefähr zwei Jahren aufgehört habe, die Netflix-Serie »House of Cards« zu verfolgen: Es hat mich psychisch fertiggemacht, dass all die Ungeheuerlichkeiten, die Kevin Spacey als Francis Underwood da anrichtete, auf einmal tatsächlich im Bereich des Möglichen gelandet waren.

Am Nachmittag haben wir uns in den Amtrak in Richtung NYC gesetzt und so getan, als ob wir in umgekehrter Richtung entsprechend Dylans Lebensweg unterwegs wären. Ich wurde dabei gefilmt, wie ich an einem Fensterplatz saß und in den »Chronicles« las, während wir über Baltimore und Philadelphia nach New York City fuhren. Dabei musste Alex, der Kameramann, peinlich genau darauf achten, dass jenseits des Bahndamms nichts Verräterisches wie irgendwelche charakteristischen Bauwerke oder Wahrzeichen auftauchten, denn dann hätte die Story nicht mehr funktioniert. Das, was wir am Vormittag gedreht hatten, würde ohnehin nur als ein kurzer Exkurs in dem am nächsten Tag aufzunehmenden New-York-City-Teil auftauchen. Die beschaulichen Szenen im Zug wollten wir später mit dem für einen 21-Jährigen erstaunlich altersweisen Song vom »Freewheelin'«-Album namens »Bob Dylan's Dream« unterlegen. Ich hatte dieses Lied selbst sehr oft am Lagerfeuer und auf irgendwelchen Feten gespielt und – da mir der Meister ja stets zehn Jahre voraus ist – kaum Gedanken darüber gemacht, wie jung er eigentlich damals gewesen war, als er den Song geschrieben hatte, und überhaupt, von welchen Freunden er da sang. Vermutlich war er nur in die Rolle von Woody Guthrie oder die eines anderen Folkpioniers geschlüpft, dessen Erfahrungen er sich so zunutze gemacht hat. Wieso auch nicht, er ist im Laufe seiner Karriere in so manche Rolle geschlüpft. Man stelle sich vor, Singer-Songwriter würden aus Authentizitätsgründen ausschließlich über das singen, was ihnen auch tatsächlich selbst passiert ist. Da würde einem früher oder später mit Sicherheit das Material ausgehen. Natürlich geht alles, was man irgendwo aufschnappt und verwertet, durch den eigenen Filter, wird durch eigene Erfahrungen angereichert und hat von daher zwangsläufig auch wieder etwas mit einem selbst zu tun. Ich wundere mich oft darüber, wohin sich manche meiner Songtexte entwickelt haben und was ich dabei in den verschiedensten Rollen alles von mir selbst preisgegeben habe. Vermutlich ist es in unserem Job die wichtigste Gabe, sich in jemanden hineinversetzen zu können, mal ganz abgesehen von dem Talent, Dinge wahrzunehmen, die die meisten Leute übersehen.

So ähnlich wie damals beim Anflug auf Washington kam mir auch diesmal in den Sinn, wann ich zuletzt mit dem Amtrak in der New Yorker Pennsylvania-Station angekommen war. Ich kann mich ausnahmsweise sogar noch an das Datum dieses Tages erinnern, denn am 12.12.2012 fand im darüberliegenden Madison Square Garden das

»Sandy Relief Concert« zugunsten der Geschädigten des Hurrikans Sandy statt, der im Oktober über New York hinweggefegt war und erhebliche Schäden verursacht hatte. Die Sturmflut, die unglücklicherweise auch noch mit einer Springflut zusammengetroffen war, führte zu sieben Meter hohen Wellen, einige Dämme brachen, sodass sogar mehrere U-Bahntunnel überflutet wurden. NYC liegt halt in vielen Bereichen nur wenige Meter über dem Meeresspiegel, sodass es eigentlich wenig verwunderlich war, dass es durch die Klimaerwärmung irgendwann zu so etwas hatte kommen können. Jedenfalls hatten sich im Madison Square Garden unter anderem die Rolling Stones, The Who, Roger Waters, Alicia Keys, Paul McCartney, Eric Clapton und Bruce Springsteen mit seiner E Street Band eingefunden, um ein Benefizkonzert der Superlative zu spielen, das wohl in die Geschichte der Stadt eingehen wird.

Damals waren Tina, unsere beiden Töchter Isis und Jojo und ich aus Woodstock angereist, wo wir am Vortag die Aufnahmen meines Soloalbums »Zosamme alt« abgeschlossen hatten. Wir wollten die Chance nicht verpassen, mit dem Zug von Norden her am Hudson River entlang Städtchen wie Rhinebeck, Poughkeepsie, Crown Heights, Cold Spring, Sleepy Hollow und Yonkers zu begutachten, die ich bisher nur aus Songtexten kannte. Am nächsten Tag würde Stewart Lerman im Electric-Lady-Studio damit beginnen, meine Songs abzumischen, die ich alle irgendwann in unseren gemeinsamen Jahren für meine Frau geschrieben hatte. Das Album sollte ein Dankeschön an meinen Schutzengel sein, ohne den ich meinen Schlaganfall ein Jahr zuvor vermutlich nicht überlebt hätte.

Vor damals ziemlich genau zwanzig Jahren, im Oktober '92, waren Tina und ich auf Einladung des damaligen Sony-Chefs Jochen Leuschner schon einmal nach New York geflogen, um im Madison Square Garden ein Konzert anlässlich von Bob Dylans dreißigstem Bühnenjubiläum zu erleben. Wer damals alles eingelaufen war, um ihm ein Ständchen zu spielen, war einfach unfassbar. Von Johnny Cash bis Lou Reed über Stevie Wonder, John Mellencamp, Ron Wood, Eddie Vedder, Chrissie Hynde, Richie Havens, Willie Nelson, die Clancy Brothers, die O'Jays bis zu Tracy Chapman. Sogar die Jungs von The Band, Dylans erster Combo nach seinem Wechsel vom Folk zum Rock, waren dabei gewesen, um ihn mit »When I Paint My Masterpiece« zu ehren. Allerdings hatten sich leider nur Levon Helm, Rick Danko und Garth Hudson auf den Weg nach NYC gemacht. Robbie Robertson fehlte. Shit happens, besonders zwischen den Mitgliedern aufgelöster Bands. Mein persönlicher Höhepunkt war, als sich Roger McGuinn, Tom Petty, Neil Young, Eric Clapton und George Harrison auf der Bühne einfanden, um sich gemeinsam mit dem Jubilar die Strophen von »My Back Pages« aufzuteilen. Man muss sich das einmal vorstellen! Da spielten meine »Allerheiligen« ein Meisterstück der frühen Jahre, in denen Dylans künstlerische Entwicklung keine Atempause eingelegt hatte. Allein im Jahr '64 hat er, immer noch erst 23 Jahre alt, zwei epochale Studioalben rausgebracht, um im darauffolgenden Jahr erneut zwei Platten vorzulegen, die den Verlauf der Rockgeschichte maßgeblich prägten und ohne die die Beatles wahrscheinlich noch deutlich länger »Boy Meets Girl«-Texte gesungen hätten. »My Back Pages« ist das Hohelied der Selbsterkenntnis und der Einsicht, dass die Dinge nie so einfach sind, dass ihnen mit Phrasen beizukommen wäre. Alles ist viel komplizierter, als Bob Dylan das noch vor Jahren, als er sich sicher gewesen war, auf alles eine Antwort zu haben, vorgekommen war. »Damals«, singt er, »war ich noch viel älter. Heute bin ich jünger als damals«, als er noch Ideen als Landkarten benutzte, romantischen Kram von Musketieren träumte und als er noch ohne jeden Zweifel definieren konnte, was gut und was böse war. Er hatte es geschafft, sich endgültig unabhängig zu machen, keiner Ideologie verpflichtet, keiner Kundschaft, keinen Trends, und er hat erkannt, dass Politik oft nichts mit Moral zu tun hat und man dieser Wahrheit wohl oder übel in die Augen schauen musste.

Aber das alles hatte vor mittlerweile 25 Jahren in Manhattan stattgefunden. Diesmal, im September 2017, nur noch ins Taxi, über den East River nach Brooklyn. Hotel und komatöser Tiefschlaf.

NEW YORK CITY

Aus dem Hotelzimmerfenster in Brooklyn konnte ich frühmorgens hinter den riesigen Hafenkränen die Silhouette der Freiheitsstatue erkennen. Der Wecker hatte abermals gnadenlos früh geklingelt, aber als Internatskind war ich in der Lage, dann auch unmittelbar aufzustehen, was man von der Mutter meiner Töchter eher nicht behaupten kann. Wir waren jedenfalls spät dran. Zum Frühstück erst mal nur einen trostlosen Coffee to go, denn auch heute waren wir vom Sonnenaufgang abhängig. Hannes hatte sich überlegt, dass er meinen ersten Aufsager, der vor allem erklärt, dass wir uns lediglich auf den Spuren des Meisters bewegen, ohne den Anspruch, ihn finden zu müssen, direkt gegenüber der Downtown-Skyline, am Pebble Beach, zwischen Brooklyn und Manhattan-Bridge aufnehmen wollte. An und für sich kein Problem, wenn da nicht die New Yorker Subway-Bahnen wären, die im Dreißig-Sekunden-Takt mit unfassbarem Getöse abwechselnd durch die unteren Etagen dieser Brücken in beide Richtungen donnern. Weil das, was ich zu sagen hatte, aber locker zwanzig Sekunden dauerte, war es gar nicht so einfach, dieses Zeitfenster optimal zu nutzen. Mal kam mir mitten im letzten Satz die eine Bahn dazwischen, mal die andere. Und hatte ich alles untergebracht, gab es Zweifel am Ausdruck. Je länger das dauerte und mir dabei bewusst wurde, dass außer dem Subway-Rhythmus auch das Sonnenlicht ein Zeitfenster vorgab, desto angespannter wurde ich, bis ich mir irgendwann vorkam wie Loriots Lottogewinner Erwin Lindemann, der schließlich mit dem Papst in Wuppertal eine Herrenboutique eröffnen will.

Nun ja, was lange währt, wird irgendwann passabel, und zur Belohnung ging's ins Greenwich Village, wo wir uns mit Mike Porco, dem Enkel des ehemaligen Besitzers von Gerde's Folk City, im Caffe Reggio in der MacDougal Street verabredet hatten. Hier war der Kaffee alles andere als trostlos, und zu essen gab's auch was Ordentliches. Angenehmer Kerl, dieser Mike Porco, der uns sehr kompetent vom Wandel im Village erzählen konnte. Folk-Experte, Dokumentarfilmer und Village-Aktivist in einer Person, dessen Opa dereinst den noch minderjährigen Bob Dylan quasi adoptiert hatte, weil dieser für seinen ersten professionellen Gig im Gerde's eine Gewerkschaftskarte brauchte. Problematisch, weil als 19-Jähriger hierfür die Unterschrift eines Erziehungsberechtigten vonnöten war. Bobby log wie gedruckt, er hätte weder Vater noch Mutter, sodass schließlich Mikes Großvater seufzend seine Signatur auf das Dokument schrieb, und so stand einer Weltkarriere nichts mehr im Wege. Aber erst mal musste das Village erobert werden.

Als ich in den Siebzigerjahren eine Zeit lang beim New Yorker Maler Larry Rivers gewohnt hatte, bin ich immer wieder mal von der 14th Street über den St. Marks Place zum Greenwich Village spaziert, um hier die Schauplätze zu suchen, an denen in den Sechzigern so viel passiert war: Cafe Wha, Bitter End, Cafe Figaro, Gaslight, wo Jack Kerouac seine Lesungen veranstaltete, und natürlich Gerde's Folk City, wo damals noch der Schaukasten hing, der auf Dylans ersten New York Auftritt hinwies: BOB DYLAN'S FIRST N. Y. APPEARANCE: FOLK CITY 4-11-61. Selbstredend habe ich mich davor fotografieren lassen, allerdings erst sechs Jahre später, als ich durch eine Verwechslung ein weiteres Mal in New York gelandet war. Ich hatte anscheinend nicht genau hingehört, als mein alter Freund Mötz mich spätnachts aus New York angerufen hatte, um mir mitzuteilen, dass ich Larry Rivers' Lastenaufzugstür restaurieren solle, auf die ich sechs Jahre zuvor eine Vietkong-Flagge gemalt hatte. Die sei inzwischen arg ramponiert, Larry würde mich dafür auch bezahlen, ob ich im Frühjahr Zeit hätte, nach New York zu kommen. Super Idee, bloß hatte ich Frühjahr und Jahresanfang durcheinandergebracht, und da es auch eine Überraschung für meinen Freund Mötz werden sollte, standen wir am Silvesterabend '79 bei ihm unangemeldet auf der Matte, während er schon die Koffer gepackt hatte, um mal wieder nach Deutschland zu fliegen. Seine erste Ehe war gerade endgültig in die Hose gegangen. Aber es kam noch schlimmer, Larry war vor ein paar Tagen nach Mexiko geflogen und käme nicht vor April zurück. *En Handvoll Loser op Silvester* hab ich später in »Jriefbar noh« gesungen.

Mit von der Partie waren Schmal Boecker, mein Ex-Studienkollege und BAP-Gründungsmitglied, sowie unsere damaligen Freundinnen Agnette und Christina. Wir mussten feststellen, dass wir fast mittellos in NYC gestrandet waren. Nur gut, dass unser inzwischen zu Weltruhm gelangter Künstler-Kollege Julian Schnabel noch etwas bei uns gutzumachen hatte. Erst vor eineinhalb Jahren hatten Schmal und ich ihm in Köln Obdach gewährt, seine Leinwände aufgespannt, nach Düsseldorf geschafft und dort in der Galerie Dezember aufgehangen – seine erste Auslandsausstellung, bei der übrigens kein einziges Bild verkauft wurde. Er hatte ungefähr einen Monat bei mir in der Teutoburger Straße gewohnt, in meinem Atelier das Bild »One for Aldo Moro« gemalt, meinen Kühlschrank leer geputzt und mich aus meinem Bett verdrängt, sodass ich zu Agnette in die Silvanstraße ausweichen musste. Jetzt war er an der Reihe, und das wusste er auch. Und so kam es, dass der Senkrechtstarter Julian Schnabel abwechselnd ein Pärchen in seinem Atelier schlafen ließ und für das jeweils andere ein zugiges Eckzimmer im damals noch völlig heruntergekommenen George Washington Hotel Ecke 23rd/Lexington Avenue auf seine Kosten anmietete. Er hatte erfreulicherweise kein Problem damit, sich bei zwei »Samaritern«, wie er uns nannte, für deren Gastfreundschaft zu revanchieren. Was ich immer sage: Man trifft sich im Leben meistens zweimal.

Mit meinem Gerde's-Folk-City-Schaukasten-Polaroid auf der Nachtkommode habe ich mich an diesem Abend in voller Montur im eiskalten Hotelzimmer ins Bett gelegt und versucht – wie Spitzwegs armer Poet – den Text von »Like A Rolling Stone« ins Kölsche zu übertragen, was mir – ehrlich gesagt – nicht besonders gut gelungen ist. Zurück in Köln haben wir den Song mit BAP ab und zu mal live gespielt, wo er auch immer ziemlich gut ankam, was wohl hauptsächlich am rotzigen Refrain lag: *Wie küsste dir vüür?* Zwei Jahre später ist er schließlich als Lückenbüßer auf unserem Album »Vun drinne noh drusse« gelandet. Ich habe in den Jahren danach etliche Male versucht, den Text zu überarbeiten, aber jedes Mal, wenn ich mir dann vorstellte, wie verstört unser Publikum reagieren würde, wenn ich im Konzert einen komplett anderen Text als auf der Platte singe, habe ich den Stift wieder weggelegt. Mittlerweile hab ich meinen Frieden mit dieser suboptimalen Übersetzung gemacht. Dabei hilft mir vor allem, mich geistig an diesen Abend im Januar '80 zurückzubeamen, als draußen auf dem Hotelflur zwischen Kindergeschrei, hysterischem Gelächter und Türenschlagen dubiose Geschäfte abgeschlossen wurden. Das sind tatsächlich meine Erinnerungen bis heute, wenn wir – bei passender Gelegenheit – den Song ab und zu mal spielen. In der Regel dann, wenn britische oder angloamerikanische Kollegen Lust auf eine Session verspüren.

Mit »Like A Rolling Stone« verbinde ich allerdings auch noch eine ganz andere Geschichte, nämlich die, wie ich vom Bassisten zum Sänger wurde: Peter A. Schulte (das A. hatte er selbst seinem Namen hinzugefügt, es stand für »Apollo«, den Gott der Musik, der Dichtkunst und des Gesangs) teilte uns auf dem Sommerfest des Städtischen Gymnasiums Rheinbach mit, dass dies sein letzter Gig mit uns sei, denn er müsse sich jetzt so langsam aufs Abitur vorbereiten. Wir sollten uns von daher nach einem Nachfolger umsehen. Er war unser Sänger, ungefähr zwei Jahre älter als ich, und schon des Öfteren hatte er auf dem Schulhof Dylan-Texte deklamiert, vor allem Talking-Blues-Passagen wie aus »I Shall Be Free«:

Well, the telephone rang, it would not stop,
it's President Kennedy callin' me up.
He said: My friend Bob, what do we need to
    make the country grow?
I said, my friend John, Brigitte Bardot,
    Anita Ekberg, Sophia Loren,
country will grow.

Aber auch an die weniger spaßigen Zeilen aus »Masters Of War« kann ich mich noch gut erinnern:
You that never done nothin', but build to destroy,
you play with my world, like it's your little toy.

Das waren Sätze wie Weckrufe. So was kannten wir noch nicht. Bisher waren unsere Väter für politische Meinungen zuständig gewesen. So langsam fingen wir an, selbstständig zu denken.

Zu seinem letzten Gig mit uns hatte Apollo Bob Dylans neue Single mitgebracht. Den Text hatte er vorsorglich schon mal rausgehört. »Like A Rolling Stone« fängt mit einem Schlag auf die Snare an, und instinktiv begreift man, dass es jetzt um die Wurst geht, auch wenn der Text zunächst wie ein Märchen daherkommt: »Once upon a time/Es war einmal …« Aber nichts an dem Song ist harmlos, vor allen Dingen nicht der Tonfall, in dem er die Prinzessin auf dem Kirchturm ansingt, die sich anscheinend für was Besseres hält. Vergesst die Schmachtfetzen mit demütig gesungenem »I Wanna Hold Your Hand«-Schmu! Hier kommt Schadenfreude darüber auf, dass der schicke Typ mit seiner chromblitzenden Karre ihr alles genommen hat, was er ihr stehlen konnte. Der Napoleon in Lumpen, den sie immer nur ausgelacht hat, singt in seiner Gossensprache, dass sie jetzt unsichtbar sei und deshalb auch keine Geheimnisse mehr zu verbergen hätte. So was war natürlich Balsam auf die Seelen von pubertierenden Jungs, die schon das eine oder andere Mal bei den begehrteren Mädels abgeblitzt waren, weil sie a) noch keinen Führerschein hatten und b) in einem dämlichen, katholischen Internat wohnten.

Es existiert ein Foto von diesem denkwürdigen Gig, meinem letzten als Bassist, das es sogar in die »Bonner Rundschau« geschafft hat, die tags darauf im Lokalteil über das Schulfest berichtete. Ich bin der Einzige von The Troop, der in die Kamera schaut. Was mag in diesem Moment wohl in meinem Kopf vor sich gegangen sein? Eben hatten wir noch Dylans zynische Abrechnung mit Miss Lonely gehört, und jetzt stehe ich da mit meinem Quelle-Bass, unschwer als Paul-McCartney-Klon zu erkennen, und neben mir singt Apollo irgendwas zwischen »Hang On Sloopy« von den McCoys und »I've Got That Feeling« von den Kinks. Womöglich habe ich gerade darüber nachgedacht, dass ich eigentlich viel lieber solche Texte wie der Typ mit der Sonnenbrille schreiben und singen wollte, als Bass zu spielen. Und so langsam fiel der Groschen. Noch am selben Abend habe ich meinem Freund Hein Pelzer meinen Bass mit den Worten: »Hein, du muss jetz Bass spille, ich singe jetz!«, in die Hand gedrückt. Aber da es schwierig war, ohne ein Melodie-Instrument halbwegs zu beherrschen, solche Lieder zu schreiben, musste ich notgedrungen beim nächsten Heimaturlaub meinen zwanzig Jahre älteren Halbbruder Heinz bitten, mir seine drei Akkorde zu zeigen, die anscheinend ausreichten, endlose Familienfeiern zu bespaßen. Er war in der Lage, alle Songs zu C, F und G7 zu singen. Ich hatte zwar berechtigte Zweifel, ob diese Akkorde ausreichen würden, Lieder wie »Like A Rolling Stone« zu schreiben, aber da ja bekanntlich jede Reise mit einem ersten Schritt anfängt, war wenigstens schon mal ein Anfang gemacht. Freundlicherweise hatte mein Bruder mir seine Gitarre ausgeliehen, damit ich diese drei Akkorde auch üben konnte. Hans-Gerd, der Gitarrist unserer Band, hat mir die drei fehlenden Akkorde zu »House Of The Rising Sun« von den Animals gezeigt (nämlich A-Moll, D und E), und von da an habe ich mir Blasen an die Fingerkuppen gespielt, bis ich dieses Lied vom Puff in New Orleans endlich draufhatte. Wovon im Text die Rede war, hatten wir nicht im Ansatz gerafft. Mit Ach und Krach wussten wir, dass New Orleans eine Stadt in Amerika war, und da gab's halt dieses Haus, von dem die Rede war. So what? Mit meiner Mutter hatte ich ein ebenso geduldiges wie dankbares Publikum, und nach einiger Zeit hat sie endlich den alles entscheidenden Satz an meinen sparsamen Vater gerichtet: »Josef, ich jläuv, dä Jung bruch jetz sing eijene Jittar!« Und so kam es dann auch: Am 6. September 1967 ging sie mit mir in die Sternengasse 1, wo Charly Oehl eine Musikalienhandlung betrieb, und kaufte mir eine halbakustische Aria-Diamond, die halbwegs so aussah wie John Lennons Epiphone. Von da an habe ich Songs geschrieben, mit denen man mich heute erpressen könnte, vor allem aber war ich endlich in der Lage, unsere Stones- und Kinks-Lieder auf der Gitarre mitzuspielen und gleichzeitig zu singen. Dass sich kaum Beatles-Songs in unserem Repertoire befanden, lag eindeutig daran, dass ich der Einzige von uns war, der halbwegs einen Ton halten konnte. An dreistimmigen Gesang war unter diesen Umständen leider nicht zu denken.

Mit Mike Porco hatten wir für unseren Film den kompetentesten Fremdenführer gefunden, den man sich denken kann. Der Mann wusste Bescheid. Direkt gegenüber vom Caffe Reggio, in dem wir saßen, hatte bis 1973 Izzy Young das Folklore-Center betrieben, wo Dylan nach seiner Ankunft in New York im Winter 1961 ein und aus gegangen war, wo er Phil Ochs und Dave Van Ronk kennengelernt und von Izzy selbst so manch nützlichen Tipp bekommen hatte. Augenscheinlich hat sich im Village seit den Sechzigern, wie überall in der Stadt, so ziemlich alles verändert. Die Gentrifizierung macht selbst vor den legendärsten Clubs nicht halt, weder im Greenwich Village noch sonst wo, wie wir im Verlauf unserer Reise lernen mussten. Staatliche Unterstützung dieser kulturhistorischen Stätten gibt's nicht. Alles wird immer neoliberaler, die Marktgesetze schlagen immer brutaler zu. Keine Sentimentalitäten! Es regiert ausschließlich Angebot und Nachfrage. Wo man damals noch ein Zimmer ohne Bad mit Klo im Treppenhaus für 17 Dollar im Monat mieten konnte, gibt's heute ausschließlich Luxus-Apartments, in der Regel

Eigentumswohnungen, die sich kein Normalsterblicher mehr leisten kann. Unter einer Million etwas zu finden ist definitiv aussichtslos. Ende der 60er, Anfang der 70er sind die meisten Künstler nach SoHo, südlich vom Village, gezogen, weil da die Mieten in den alten Lagerhäusern noch halbwegs erschwinglich waren. Das ist längst gegessen, auch Williamsburg in Brooklyn, eins der nächsten Künstlerviertel, ist inzwischen gentrifiziert. Die Künstlerkarawane zieht notgedrungen weiter. Was soll sie auch sonst groß machen?

Mike zeigte uns auch das Haus, in das Dylan 1970 nach der Rückkehr aus Woodstock mit seiner Familie gezogen war, wo ihn der ungekrönte König der Dylan-Stalker, A.J. Weberman, in einer Form belästigt hat, dass einem das Lachen im Hals stecken bleibt. Der Kerl hat allen Ernstes regelmäßig den Müll der Familie Dylan inspiziert und daraus seine Schlüsse gezogen, die er dann auch prompt publizierte. Webermans hehres Ziel war es, Dylan wieder zurück auf den »richtigen« Pfad zu bringen, von dem er in Woodstock abgekommen sei. Hallo!! … geht's noch?! Solche Zecken braucht man wie Sackschmerzen.

Ein paar Straßen weiter, in Jeff Slatnicks Instrumentenladen Music Inn in der 4th Street, hat Bob damals vor allem seine Mundharmonikas gekauft. Er hätte in seinen Pantoffeln rübergehen können, denn mit Suze Rotolo bewohnte er eine winzige Wohnung nebenan, in der No. 161. Schräg gegenüber vom Music Inn mündet die Jones Street in die 4th, längst so was wie eine Pilgerstätte für Dylan-Fans, eigentlich nur vergleichbar mit dem Zebrastreifen auf der Abbey Road. Hier wurde mehr zufällig als geplant an einem bitterkalten Morgen das Coverfoto von »Freewheelin'« aufgenommen: Bob in seiner viel zu dünnen Wildlederjacke, die Hände in den Hosentaschen, neben seiner Freundin im dunkelgrünen Lodenmantel, die zum Zeitpunkt dieser Fotosession nicht im Entferntesten daran dachte, mit auf dem Cover zu landen. Das Foto mag wenig glamourös sein, dafür aber ausgesprochen authentisch. Und die Kreuzung 4th/Jones Street dürfte dann auch die aus dem traurig schönen Abschiedslied »One Too Many Mornings« sein, das er ein Jahr später für Suze geschrieben hat:

From the crossroads of my doorstep
My eyes they start to fade
As I turn my head back to the room
Where my love and I have laid

In Slatnicks Laden hatten wir uns mit David Mansfield verabredet. Er war als 18-jähriger Multiinstrumentalist quasi im Vorbeigehen von Dylan für seine »Rolling Thunder Revue« verpflichtet worden. Irgendwie muss dieser gelockte Jüngling den Meister bei einem Gig im Bitter End überzeugt haben. Manchmal taucht in Fragebögen von Zeitschriften die Frage auf, bei welchem geschichtlichen Ereignis man gerne dabei gewesen wäre. Mir ist schon klar, dass es für die Menschheit wichtigere Ereignisse, beispielsweise die Erfindung des Rads, die Gründung des glorreichen 1. FC Köln oder die Entdeckung Amerikas gibt, aber als diese Frage zum ersten Mal auftauchte, hab ich hingeschrieben, dass ich gerne im Tross der »Rolling Thunder Revue« mitgereist wäre, notfalls als Gepäckträger. Diese Tournee, benannt nach einem indianischen Begriff für »die Wahrheit sagen«, die eher einem fahrenden Zirkus glich als einer Rock 'n Roll-Tour mit ständig wechselnden Attraktionen, startete in kleinen Stadthallen, Ballsälen und Hotel-Foyers an der Ostküste. Lauffeuerartig verbreitete sich die Nachricht, dass Bob Dylan nach einem halben Jahrzehnt Bühnenabstinenz endlich wieder unterwegs sei. Mit von der Partie waren ehemalige Weggefährten wie Roger McGuinn, Joan Baez, Joni Mitchell, Wim Wenders' damalige Frau Ronee Blakley, Ramblin' Jack Elliott, Robbie Robertson, und sogar der Beat-Poet Allen Ginsberg rezitierte manchmal seine Gedichte. Das alles in der zeitlichen Schnittstelle zwischen zwei großartigen Alben, die ihm keiner mehr zugetraut hätte, und mit einer Backing Band, die Maßstäbe setzte. Von Bowies Gitarristen Mick Ronson bis zu Scarlet Rivera, die er an einer Straßenecke in Manhattan angesprochen hatte, weil sie ihm mit ihrem Geigenkasten aufgefallen war. Gott sei Dank, denn diese Musikerin hat sowohl der »Rolling Thunder Revue« wie auch dem »Desire«-Album mit ihrer Art Geige zu spielen einen unverwechselbaren Stempel aufgedrückt und damit letztendlich auch meinen Horizont erweitert.

Bis dahin konnte ich nämlich mit Geigenklängen überhaupt nichts anfangen. Anne de Wolff würde ohne Scarlet Rivera vermutlich nicht bei BAP spielen. Das Irre ist, dass ich sie ähnlich zufällig getroffen habe wie Dylan seine Geigerin. Allerdings nicht an einer Straßenecke, sondern beim Soundcheck einer Band, die aus lauter Sessionmusikern bestand, bei einem Gig in Karlsruhe, wo ich als Gastsänger eingeladen war. Ich glaube, die erste Frage, die ich Anne damals stellte, war: »Kennst du das Dylan-Album ›Desire‹?« Antwort: »Klar, … was willste spielen?«. Und so sind wir nach dem Soundcheck auf den Parkplatz hinter der Halle gegangen und haben erst mal »Hurricane« gespielt, dann »Oh, Sister«, »Sara«, »One More Cup Of Coffee« und vermutlich auch »Isis«. Des Rätsels Lösung war, dass sie mit ihrem ersten Mann, einem riesen Dylan-Fan, längere Zeit als Straßenmusikerin unterwegs gewesen war.

Ich persönlich hatte 1975, gegen Ende meines Kunststudiums, schon seit Längerem nur noch aus den Augenwinkeln verfolgt, was Dylan so trieb. »Nashville Skyline« konnte mich kaum hinterm Ofen hervorlocken, und »Self Portrait« überhaupt nicht. Schade eigentlich, denn danach ging's wieder aufwärts. Gut, dass Frieder Engstfeld, mein Beifahrer beim DPWV (Deutscher Paritätischer Wohlfahrtsverband), wo wir beim Zivildienst gemeinsam »Essen auf Rädern« für bedürftige Senioren im Bereich südliche Altstadt auszuliefern hatten, am Ball geblieben war. Er hatte selbst eine Menge Dylan-Songs drauf, vor allem aber ausreichend Geduld, meine Wissenslücken aufzufüllen. Ebenso wie Apollo, der mich zehn Jahre zuvor erfolgreich missioniert hatte, kann ich Frieder nicht dankbar genug sein, denn auch ohne dessen Zutun wäre mein Leben wohl ziemlich anders verlaufen. Ich hätte nach dem Zivildienst versucht, von der Malerei zu leben, vermutlich nie eine Familie gegründet, weil ich genug Kunststudenten kannte, die, sobald sie Kinder hatten, die Freie Kunst an den Nagel hängen mussten. Und wenn ich nicht mit Frieder gemeinsam in der Altentagesstelle nachmittags mit den Oldies zur Gitarre irgendwelche Karnevals- oder Volkslieder gesungen hätte, wäre ich auch nicht auf die Idee gekommen, Songs auf Kölsch zu schreiben. Die meisten alten Herrschaften hatten ihr Leben mit ihrer Muttersprache gelebt. Mein allererstes kölsches Lied habe ich zum 93sten Geburtstag unserer Lieblingsoma geschrieben, noch vor »Helfe kann dir keiner«. Sie hatte ihr Leben lang in Kirmeswagen gewohnt und auf Jahrmärkten Spielzeuge verkauft, von Blechtrommeln bis zu Knallblättchenpistolen. An dieses Geburtstags-Ständchen habe ich ewig nicht mehr gedacht. Erst vor Kurzem fiel mir der Text zufällig noch mal in die Hände. Wir haben den Song damals zwar ab und zu mal im Proberaum gespielt, aber für Auftritte oder gar Plattenaufnahmen kam er irgendwie nicht infrage und ist so nach und nach in Vergessenheit geraten.

Mer jratuliere zom Jebootsdaach,
huh soll se levve, die Frau Herrmanns.
Et jitt Prummetaat un Kaffee
un e' Schnäpsje, flöck, wenn keiner hinsieht.
Leev Frau Herrmanns, lommer fiere,
op keine Fall dä Moot verliere.
Hück vüür dreiunnüngzisch Johre
woot enn Kölle ene Schoss jeboore.

Die Selbstverständlichkeit, mit der diese alten Leute ihre Sprache benutzten, war wegweisend für das, womit wir fünf Jahre später überregional bekannt wurden. Obendrein haben sie mich mit ihren Lebensgeschichten auch danach noch zu so manchem Song inspiriert. Beispielsweise zu »Jojo« vom »Salzjebäck un Bier«-Album, wo die komplette zweite Strophe aus der tragischen Biografie eines enttäuschten Ex-Kommunisten besteht, den wir ebenso verehrten wie die gute alte Frau Herrmanns.

Zurück im East Village, in die 4th Street, ins Music Inn, Jeff Slatnicks Laden. Mein Rendezvous mit David Mansfield war von Stewart Lerman, dem Toningenieur meiner letzten beiden Soloplatten, eingefädelt worden. Er hatte schon oft mit David an den verschiedensten Produktionen gearbeitet, unter anderem an meinem »Familienalbum«, nachdem wir feststellten, dass bei »Weißte noch?« ein Banjo fehlte, und er war voll des Lobes, was sowohl seine Professionalität wie auch seine freundliche Art betraf. Mit Sicherheit hatte Stewart ihm gesteckt, dass er mit mir zwar auf einen Dylan-Fan treffe, allerdings beruhigt sein könne, dass ich ihn nicht mit indiskreten Fragen löchern würde. Die Idee mit dem Banjo für »Weißte noch?« war mir übrigens erst gekommen, als ich schon wieder in Köln war und Steuart das Album in Eigenverantwortung in seinem Hobo Sound Studio abmischte. David war jedenfalls im Bilde, und es entwickelte sich schnell eine lockere Plauderrunde, an der dann schließlich auch Slatnick, der Ladenbesitzer, teilnahm, der sich natürlich auch seine Gedanken über die Bedeutung Dylans und dessen Werdegang gemacht hatte. Wir waren uns darüber einig, dass es für die Musikergeneration, die den Folk-Boom erst im Village und später dann weltweit ausgelöst hatte, von Vorteil gewesen war, dass sie zwar noch während des Zweiten Weltkriegs geboren worden wurde, als die USA noch unangefochten als Retter der freien Welt galten, durch die Kriege in Korea und Vietnam aber unsanft aufgewacht waren. Vor allen Dingen hatten sie als Kinder mitgekriegt, dass die Welt kurz vor der Vernichtung stand, und als aufmerksame Zeitgenossen bemerkten sie, dass in Vietnam etwas nicht stimmte. Sie begannen, unbequeme Fragen zu stellen und aus den Antworten selbstständige

Schlüsse zu ziehen. Kadavergehorsam und blinder Patriotismus waren in weiten Teilen der Jugend passé. Ungehorsam und kritisches Bewusstsein bestimmten spätestens in der zweiten Hälfte der 60er den kulturellen und politischen Diskurs.

Irgendwann im Verlauf unseres Gesprächs kamen wir auch darauf, dass Dylan sich als Jude erst sehr spät dazu überreden ließ, im Land des Holocaust aufzutreten. Die USA hatten, wie er in »God On Our Side« mit bitterböser Ironie gesungen hat, den Deutschen vergeben, obwohl sie sechs Millionen Juden ermordet und in Öfen verbrannt hatten. Mittlerweile hätten die Deutschen auch Gott auf ihrer Seite.

Am 26. Juni 1978 hatten David Mansfield und ich Dylans ersten Auftritt auf deutschem Boden miterlebt. Er auf der Bühne und ich mitten im Gewühl der brechend vollen Dortmunder Westfalenhalle. Agnette und ich waren mit meiner Kastenente in die für unsere damaligen Verhältnisse weit entfernte Ruhrgebietsmetropole aufgebrochen, im Kassettendeck das eben erst erschienene Album »Street Legal«, und konnten es gar nicht fassen, dass er endlich live bei uns auftreten würde. Ich fühlte mich zurückversetzt an meinen 16. Geburtstag, an dem, zur Feier des Tages, die Rolling Stones in der Kölner Sporthalle spielten. Elf Jahre war das jetzt her, inzwischen war ich vom Gymnasium geflogen, hatte mein Kunststudium abgeschlossen, Zivildienst gemacht und aus heiterem Himmel doch noch mal eine Band gegründet. Meinen Lebensunterhalt verdiente ich mir inzwischen mit Bilderverkäufen, als Aushilfsgrafiker beim WDR und immer öfter mit Solo-Gigs in Kneipen, bei denen ich hier und da auch schon mal eingekölschte Dylan-Songs zum Besten gab. Bob und ich waren jetzt sozusagen Kollegen.

Eigentlich hatten wir ja eine Band wie die der »Rolling Thunder Revue« erwartet, aber der Meister war schon wieder ganz woanders. Die drei schwarzen Background-Sängerinnen schienen aus einem Gospelchor zu stammen, und die komplexen Arrangements erinnerten an den Soul der Südstaaten, mitunter sogar an Motown. Wo eben noch Scarlet Rivera auf ihrer Geige Zigeunermusik gespielt hatte, fand jetzt Saxophon statt, und der arme David Mansfield fristete ein Schattendasein als Mandolinenspieler, der nur ganz selten mal an der Geige zum Zug kam. Umso schöner, dass er sich für unser heutiges Treffen noch mal mit der Rolling-Thunder-Version von »One More Cup Of Coffee« befasst hatte, die wir für unseren Film gemeinsam in Slatnick's Basement performen wollten. Und prompt liefen in meinem Seelenkino all die Filme ab, deren Soundtrack dieser Song war: Vom »Essen auf Rädern« in der Kölner Südstadt über Fahrten auf dem jugoslawischen Autoput, Lagerfeuernächte in der Türkei, Sardinien im Dauerregen bis hin zu Agnette, die in einer schwierigen Zeit zu mir stand und der ich viele Jahre später den Namen Rita unterjubelte.

Die Ecke rum, in der Christopher Street, gibt es immer noch das ehemalige Theatre de Lys (mittlerweile unter dem Namen Lucille Lortel Theatre), in dem Dylan sich mit seiner damaligen Freundin Suze Rotolo wiederholt Brechts »Dreigroschenoper« ansah. Besonders hatte es ihm der Song »Pirate Jenny« angetan, wie man unschwer seinem Text von »When The Ship Comes In« entnehmen kann. Überhaupt war Bertolt Brecht – wenig erstaunlich – ein wesentlicher Einfluss für den jungen Dylan, wie er selbst in »Chronicles« erzählt. Deutlich mehr erstaunt war ich, als ich las, dass ihn auch die Arbeiten des Malers Red Grooms beeinflusst hätten. Auch auf ihn war er durch Suze aufmerksam gemacht worden. Und so haben wir im Vorfeld unserer Reise alle Hebel in Bewegung gesetzt, diesen mittlerweile 83-jährigen Maler irgendwie zu finden. No chance … bis ich mich daran erinnerte, dass Red seinerzeit durch dieselbe Galerie vertreten wurde wie Larry Rivers, nämlich von der vornehmen Marlborough Gallery. Telefonisch war anscheinend nichts zu machen, per E-Mail auch nicht. Uns blieb nichts anderes übrig, als auf gut Glück einfach hinzufahren und darauf zu vertrauen, jemanden anzutreffen, der uns weiterhelfen könnte. Wir wurden nicht gerade freundlich empfangen, schließlich hatte man uns schon wiederholt abgewimmelt, was sich erst änderte, als ich erwähnte, dass ich in den 70ern für Larry Rivers gearbeitet hätte. Plötzlich war von einem Missverständnis die Rede, und schon hatte ich Red Grooms selbst an der Strippe. Manchmal nützt Namedropping als allerletzter Ausweg anscheinend doch was. Schon irre, aber wenn man Larry erwähnt, öffnen sich doch so manche Türen, die ansonsten verschlossen geblieben wären. Ähnlich war es mir vor ein paar Jahren mit Patti Smith ergangen, die auf der After-Work-Party im Schokoladenmuseum nach einem langen Tag auf der lit.COLOGNE anfänglich noch ziemlich reserviert gewesen war, bis ich ihr von meiner Zeit bei Larry in der 404 E 14th Street erzählte. Und siehe da, sie konnte sich noch detailgetreu an Larrys große Arbeit »Dutch Masters« erinnern, die im Foyer des Chelsea Hotels hing, und dann wurde es doch noch nett.

Jedenfalls haben wir für den nächsten Tag einen Besuchstermin in Red Grooms' Atelier in Tribeca verabredet und waren dann sehr beruhigt, einen völlig geerdeten älteren Herrn anzutreffen, der sich offensichtlich sehr über unseren Besuch freute. Wenn ich ehrlich bin, muss ich zugeben, dass ich mit Reds naiven Wimmelbildern nie groß etwas anfangen konnte, aber seine offene und bescheidene Art hat mich schließlich auch für seine Kunstwerke eingenommen. Er erzählte mir, dass er Dylan damals noch im Village erlebt habe und bis zu seiner namentlichen Erwähnung in »Chronicles« nie geahnt hätte, dass er seine Bilder überhaupt wahrgenommen hatte. Ich höre noch, wie er lächelnd sagte: »… that impressed my daughter!« Wenn ich seine Arbeiten sehe, weiß ich, was Bob meinte, als er schrieb, dass man bei einem Song ebenso wie bei einem Bild zurücktreten müsse, um das Ganze zu sehen. Doppelter Diagonalabstand, hat man uns an der Werkschule beigebracht. Erst danach sollte man sich die Details ansehen, um tiefer in die Geschichte einzudringen. Auf diese Art habe ich mir viele Dylan-Songs erschlossen, indem ich erst mal in Ruhe das Stück als Ganzes wirken lasse, bevor ich versuche, hinter die oft mysteriösen Texte zu kommen. »Desolation Row« hat insofern eine Menge zu tun mit Reds Tableau von der legendären New Yorker Buchhandlung »Strand Book Store« auf der Ecke 12th und Broadway, auf dem Unmengen berühmter Schriftsteller, unter anderem auch der frischgebackene Literaturnobelpreisträger, zu entdecken sind. Eine Vollversammlung der New

Yorker Storyteller, ausgesägt und bemalt von einem weiteren Storyteller. Zum Abschied hat Red uns noch darauf hingewiesen, dass momentan in der Tibor de Nagy Gallery in der Rivington Street eine Ausstellung mit frühen Larry-Rivers-Arbeiten laufe. Diese Chance ließen Tina und ich uns natürlich nicht entgehen, und da sowieso für diesen Tag Drehschluss war, gingen wir die paar Blocks zu Fuß. Dort angekommen, freute ich mich über das Wiedersehen mit einigen alten Bekannten. Und da uns immer noch nach Bewegung war, gingen wir danach entlang der Bowery, wo früher mal das CBGB's beheimatet war und sich jetzt eine Edel-Punk-Boutique mit völlig übertriebenen Preisen befindet, über den St. Marks Place noch bis zum Union Square, um dort in die Subway nach Brooklyn zu steigen. Let's call it a day!

Dritter Tag: Wir haben ein Date mit Todd Gitlin auf dem Campus der Columbia Universität im Stadtteil Morningside. Treffpunkt ist die Wiese mit der Pan-Skulptur des Künstlers George Grey Barnard, die, nachdem sie vor hundert Jahren wegen ihrer Nacktheit im öffentlichen Raum unerwünscht war, schließlich hier gelandet ist. Kann es sein, dass manche Amerikaner immer schon etwas verklemmter waren? Todd Gitlin jedenfalls nicht. Er war in den 60ern als Student der Harvard University in Cambridge einer der politischen Aktivisten, die die ersten Demonstrationen gegen den Vietnamkrieg organisiert haben, und erscheint mit sommerlichem Strohhut im blau karierten, kurzärmeligen Sommerhemd, gut gelaunt, und erklärt mir erst mal, was es mit »The Great God Pan« auf sich hat: Er sei der Hirtengott in der griechischen Mythologie, ein Mischwesen aus Menschenoberkörper und dem Unterkörper eines Ziegenbocks und habe Freude an Musik und Tanz, weshalb er stets mit der nach ihm benannten Panflöte abgebildet wird. Für seine Wollust bekannt, ist er meistens von Nymphen und Satyrn umgeben. »Womit wir auch schon beim Thema Bob Dylan wären«, scherzt er.

Ich frage ihn nach einer Einschätzung der momentanen politischen Situation in den USA und nach den Veränderungen in den vergangenen Jahrzehnten, besonders im Vergleich mit den frühen 60ern, in denen Dylan von den Aktivisten der

Protestbewegung nahezu in den Rang eines Propheten erhoben wurde, was ihm allerdings überhaupt nicht passte. Gitlin sagt, dass ein Unterschied schon mal der sei, dass die Gesellschaft in den USA derzeit so gespalten sei wie nie seit dem Bürgerkrieg und dass er sich große Sorgen mache, weil alles immer aggressiver und brutaler würde.

Der amtierende Präsident Trump, zum Zeitpunkt unseres Gesprächs in seinem zweiten Amtsjahr, sei ein Maniac, der die Bevölkerung vorsätzlich belüge und spalte und ausschließlich an seinem Machterhalt interessiert sei. Die digitalen Medien, allen voran Twitter, würden dem Vorschub leisten, weil seine massenhaften Lügen nur schwer einzufangen seien. Obendrein würden diese neuen Medien es zwar sehr viel leichter machen, innerhalb von drei Tagen eine große Demonstration zu organisieren, aber ebenso schnell sei das Thema dann auch wieder verpufft. Er sagt, das sei in den 60ern anders gewesen. Damals wären die Leute nach einer Demonstration in ihre Heimatstädte zurückgekehrt und hätten dort weiteragitiert. Heute habe er den Eindruck, dass viele glauben, es würde ausreichen, sich im Internet zu engagieren, oft nur so lange, bis die nächste Sau durchs Dorf getrieben würde.

Professor Gitlin sagt, dass er damals durchaus Verständnis dafür hatte, dass Dylan sich zurückzog, weil er einfach nicht mehr mit dem Anspruch klarkam, das Sprachrohr einer Generation, gar die Stimme ihres Gewissens sein zu müssen. Er hatte sich nie um diesen Job bemüht, umso mehr muss es ihn genervt haben, dass sogar Joan Baez den Song »To Bobby« schrieb, in dem sie ihn aufforderte, das Ruder wieder in die Hand zu nehmen und die Massen anzuführen. Immer wieder hatte er in seinen Liedern formuliert, dass er sich nicht als politischen Führer sähe, unter anderem in »Subterranean Homesick Blues«, wo er unmissverständlich singt, man solle keinen Führern folgen, stattdessen auf seine Parkuhren achten. Ich kann selbst ein Lied davon singen, was es heißt, penetrante Vereinnahmungsversuche abzuwehren. Mich erinnert seine Hilflosigkeit in dieser Phase an eine Szene aus dem Monty-Python-Film »Das Leben des Brian«, wo Brian, den man irrtümlicherweise für den Messias hält, beteuert, dass er nicht der Messias sei, worauf das Volk skandiert: »Nur der wahre Messias bestreitet, der Messias zu sein!« Das Einzige, was Gitlin ihm damals krummnahm, war, dass Dylan anfing, sich in Interviews über Demonstranten lustig zu machen. Aber auch das hatte er im Lauf der Zeit verstanden. Es muss ungeheuer nervig gewesen sein, auf die Fragen schlecht vorbereiteter Journalisten zu antworten, die in der Regel nur auf der Lauer nach irgendwelchen Sätzen lagen, die man aus dem Zusammenhang reißen könnte, um daraus eine möglichst reißerische Schlagzeile zu konstruieren. Mitunter nahmen Interviews surreale Züge an. Einmal, nachdem man ihm zur Begrüßung auf dem Flughafen eine überdimensionale Glühbirne in die Hand gedrückt hatte, beantwortete er auf der anschließenden Pressekonferenz die Frage, was seine Message sei: »Always carry a light bulb!«

Ungefähr zu dieser Zeit hatte sich ein 32-jähriger Fotograf namens Daniel Kramer bei Dylans Manager Albert Grossman um einen Fototermin mit seinem Klienten bemüht, und da er eigentlich mit einem Korb gerechnet hatte, war er von Grossmans

Antwort einigermaßen überrascht: »Okay, komm nächsten Donnerstag nach Woodstock raus. Du kannst eine Stunde haben. Ruf meine Sekretärin wegen der Details an.«

Schön, dass wir nach der Columbia University nachmittags dann die Gelegenheit haben, eben diesen Daniel Kramer in den Räumen der New Yorker Dependance des Kölner Taschen-Verlags in SoHo zu treffen. Er hatte vor Kurzem einen aufwendigen Fotoband mit dem Titel »Bob Dylan. A Year and A Day« rausgebracht, der besser als jedes andere Buch die Atmosphäre dieser Phase des künstlerischen Umbruchs einfängt. Im Sommer '64 war Dylan schon kaum noch im Village anzutreffen. Die Zeit, in der er unbehelligt seiner Wege gehen konnte, war endgültig vorbei. In Woodstock, wo Grossman ein Landhaus besaß, war das noch eher möglich. Kramer erzählt mir von seinem ersten Shooting mit Bob. Vor allem war er überrascht, dass Dylan überhaupt keinen Bock hatte, in irgendeiner Form zu posieren. Kramer solle einfach »Fly on the Wall« spielen und ihn bei seinen normalen Verrichtungen wie Zeitung lesen, telefonieren, rauchen, Filme angucken etc. ablichten. Das müsse genügen. Offensichtlich hatten die Fotos Bob gefallen, denn schon in der nächsten Woche lud er ihn ein, mit ihm und seinem Roadie Victor Maymudes nach Philadelphia zu fahren, wo er am Abend einen Auftritt in der Town Hall hatte. Auf diesem Trip lernte man sich näher kennen, und so kam es, dass er von da an immer öfter angerufen wurde, wenn es Bedarf an neuen Fotos gab. Auf die Art erlebte Daniel Kramer Dylans Metamorphose vom Folkmusiker zum Rockmusiker hautnah. Es ärgert Kramer übrigens immer noch, dass man überall geschrieben hat, dieser Wandel sei auf dem Newport-Folk-Festival am 25. Juli '65 vollzogen worden, dabei sei doch schon eine Seite vom im März veröffentlichten Album »Bringing It All Back Home« mit elektronisch verstärkten Instrumenten aufgenommen worden. Die Folk-Puristen in Newport hätten also wissen müssen, was sie erwartete. Und wenn man sich heute die beiden Albumcover des Jahres 1965 anschaut, wundert es einen umso mehr, dass diese Leute Dylans

Wandlung nicht gerafft hatten: Auf dem ersten posiert er mit Sally Grossman, der Frau seines Managers, im schicken roten Hosenanzug auf einer Chaiselongue, vor einem stuckverzierten, offenen Kamin, inmitten eines Sammelsuriums von Zeitschriften, Langspielplatten, Büchern, Schildern und einer Chartreux-Katze. Dieses psychedelisch verfremdete Foto zeigte definitiv keinen Folkie mehr. Das war nicht mehr der frierende Junge vom »Freewheelin'«-Cover, an den sich das Mädchen von nebenan schmiegte. Die geheimnisvolle, arrogant wirkende Lady in Red war eindeutig eine High-Society-Dame. Dieses Photo war zweifellos darauf angelegt, Rätsel aufzugeben. Ebenso wie das zweite Coverfoto dieses Jahres. Daniel Kramer erzählt, dass sie zu dritt, also Dylan, Bob Neuwirth, sein Kumpel und Tourmanager in Personalunion, und er zu einem Spaziergang von seinem Hotel im Village in Richtung Gramercy Park aufgebrochen seien, um mehr oder weniger aus der Hüfte eine passende Location zu finden. Eine Menge Filme wurden belichtet, zwischendurch wurden noch ein paar extravagantere Klamotten geshoppt, und als das Trio schließlich geschafft an Grossmans Stadthaus am Gramercy Park eintraf, wollte Bob unbedingt noch ein letztes Foto in seinem neuen Outfit. Das Licht des Spätnachmittags stand günstig auf der Vordertreppe, nur den Hintergrund fand Kramer irgendwie langweilig. Also beorderte er Neuwirth in seinem orange-weiß gestreiften T-Shirt und seiner zweiten Kamera an die leere Stelle, drückte zweimal auf den Auslöser, und das war's. Tatsächlich wurde das allerletzte Foto dieses Tages von Dylan und Grossman als Coverfoto von »Highway 61 Revisited« ausgewählt. Erneut war Kramer ein Coverfoto gelungen, das Rätsel aufgab. Auch uns, im fernen Deutschland. Was haben wir damals nicht alles in dieses Foto reingeheimnist! War das Triumph-Motorcycle-T-Shirt etwa eine Hommage an den Marlon Brando aus »The Wild One«? Kündigte er damit womöglich schon seinen späteren Motorradunfall in Woodstock auf der Striebel Road an, von dem danach viele behaupteten, es hätte ihn gar nicht gegeben? Egal, der Imagewechsel hatte stattgefunden, begüns-

tigt dadurch, dass er noch im Juni in London aufgetreten und tagsüber unter anderem durch die
Carnaby Street flaniert war. Dabei sind ihm natürlich auch die hippen Klamotten, die die Kids
jetzt trugen, nicht entgangen. Als das zweite Album des Jahres Ende August erschien, hatte der
sogenannte Skandal-Gig auf dem Newport-Folk-
Festival bereits stattgefunden. Von jetzt an würde
es für ihn ein steiniger Weg werden, aber Dylan
war nicht gewillt, sich unterkriegen zu lassen.

Wir hätten dem Fotografen, diesem sympathi-
schen alten Herrn, ewig zuhören können, der uns
im Verlauf des Gesprächs auch noch auf viele Details seiner Fotografien aufmerksam machte, die
wir übersehen hatten. Immer noch redet der heute
88-Jährige voller Respekt über diesen unbeug-
samen Künstler, »der sich stets treu blieb und nur
das ablieferte, was in seinen Augen das Beste war«.

Den letzten Abend in New York verbringen Tina
und ich mit Rainer Gross, den wir in Köln immer
noch »Mötz« nennen, denn sein Spitzname aus gemeinsamen Kölner Werkschultagen ist ja genau
genommen am Rhein zurückgeblieben. Ganz zu

Anfang unseres Studiums hatte Professor Dieter Kraemer gefragt, ob einer von uns Zeit und Lust hätte, einem amerikanischen Künstler namens Howard Kanovitz dabei zu helfen, in der Roonstraße in Köln sein Atelier einzurichten. Da Rainer zwei Semester nach Schmal und mir an der FHBK angefangen hatte und sowieso noch nicht richtig wusste, wie er in den beengten Ateliers am Ubierring einen Arbeitsplatz finden sollte, hat er sich gemeldet. Eine Entscheidung, die eine Weichenstellung für sein Leben wurde. Zunächst hat er in Köln bei Howard gearbeitet, dann in London und schließlich in New York. Während der zwei Jahre, in denen wir in Köln gemeinsam studiert haben, wurde auch ab und zu mal gejammt, schließlich hatten wir drei in den Sechzigern in verschiedenen Beat-Bands gespielt. Mötz war dabei der Experimentierfreudigste. So improvisierte er beispielsweise über ein zwölftaktiges Bluesschema seinen legendären »Fritten-Blues« und sang eine selbst komponierte Dada-Hymne namens »Fahre mer noh Brühl« (nä, nä, nä, wat ess et enn Brühl hück schwül …). Wenn wir damals abends im Podium auf der Zülpicher Straße unser Kölsch tranken, schmiedeten wir Pläne für eine zu gründende Band, die den Namen »Gruppe Schizzo« tragen sollte. Genau betrachtet war das bereits die Keimzelle, aus der sich drei Jahre später BAP entwickelt hat. Mötz war jedenfalls derjenige, der schon als Kunststudent den Sprung über den großen Teich gewagt hatte und seitdem dort als freischaffender Maler lebt. Heimwehgeplagt hatte er damals dafür gesorgt, dass Schmal und ich ebenfalls Jobs als Assistenten in New York bekamen. Schmal ist ein Jahr geblieben, ich habe es vorgezogen, dann doch wieder zurück nach Köln zu fliegen, weil die beiden Maler, die mich angestellt hätten, für mich irgendwie nicht passten. Bei einem gefielen mir die Bilder nicht, der andere führte ein für meinen Geschmack zu ausschweifendes Leben. Lange Geschichte, jedenfalls erinnere ich mich noch genau an meinen ersten Abend in Howard Kanovitz' Atelier, in einem Loft an der 2nd Avenue, schräg gegenüber des erst vor Kurzem geschlossenen »Fillmore East«, wo Mötz auch lebte. Wir hatten uns zwei Sixpacks Budweiser und irgendwelche belegte Sandwiches im Deli gekauft.

Schmal und Mötz erzählten mir, was ihnen in der Zwischenzeit so alles passiert war, und mir wurde in dem Loft von Howard Kanovitz schlagartig klar, was es mit diesen zwei Zeilen aus »Visions of Johanna« auf sich hatte, die ich ewig nicht wirklich kapiert hatte:

Light flicker from the opposite loft
In this room the heat pipes just cough.

Wie hätte Little Boy Lost aus der Kölner Südstadt auch wissen sollen, dass in New Yorker Fabriketagen die Heizungsrohre tatsächlich husten.

WOODSTOCK

Als Julian Dawson 2012 die Idee hatte, »Zosamme alt«
in Woodstock aufzunehmen, war ich sofort Feuer
und Flamme. Mit meinem ersten Soloalbum nach
acht Jahren wollte ich mich (wie eben schon kurz
erwähnt) bei Tina dafür bedanken, dass sie mir im
Vorjahr das Leben gerettet hatte. Ich selbst hatte das,
was letztendlich als Schlaganfall diagnostiziert wurde,
nicht für voll genommen und wäre nur mal kurz auf
den Balkon gegangen, wo ich – falls ich überhaupt
so weit gekommen wäre – vermutlich zusammen-
gebrochen wäre. Die Geschichte ist inzwischen tau-
sendmal erzählt worden, fest steht, dass ich ohne die
Geistesgegenwart meiner Frau heute – wenn überhaupt – ein Leben als Pflegefall führen würde.

Die ausgewählten fünfzehn Lieder, die ich, seit wir zusammen waren, für sie geschrieben hatte, wollten Julian und ich mit amerikanischen Musikern in gestrippten, songdienlichen Versionen in einer säkularisierten Kirche, die jetzt unter dem Namen »Dreamland-Studio« firmierte, im winterlichen Woodstock aufnehmen. Die Grundbesetzung hatte es in sich: angefangen mit Julian, der akustische Gitarre und Mundharmonika spielte, über Steuart Smith, der einst in Julians Band für E-Gitarre zuständig war und mittlerweile bei Don Henley und den Eagles auf der Payroll stand, bis zu Larry Campbell, der neun Jahre mit Bob Dylan auf der »Never Ending Tour« unterwegs war. Larry ist ein Multiinstrumentalist der absoluten Sonderklasse. Nach dem Ausstieg bei Dylan musste dieser ihn durch zwei Musiker ersetzen. Das sagt alles. Als Toningenieur fungierte – wie bereits erwähnt – Stewart Lerman, der vor Kurzem erst Patti Smiths Album »Banga« in seinem eigenen Studio in Hoboken aufgenommen hatte. Das »Zosamme alt«-Album mit BAP aufzunehmen hätte keinen Sinn gemacht, denn bis auf den Titelsong und dem

Dylan-Cover von »All I Really Wanna Do« gab's ja von sämtlichen Songs bereits BAP-Versionen. Vor allen Dingen sollte bei diesem Konzept-Album so songdienlich gearbeitet werden, wie es bei BAP in dieser Phase wieder mal nicht möglich war. Zu der Zeit wollten wir in erster Linie das Haus rocken, Textverständlichkeit war wieder mal Nebensache.

In Woodstock war alles hoch romantisch. Da das Studio mitten im Wald lag, circa acht Kilometer vom Ortskern entfernt, sind wir eigentlich nur zum Frühstück ins »Bread Alone« gefahren, ansonsten haben wir konzentriert an den Songs gearbeitet. Umso erstaunter waren wir, als Julian gegen Ende der Sessions John Sebastian ankündigte, der in den 6oern mit Lovin' Spoonful eine Reihe von Welthits rausgehauen hatte und seit ewigen Zeiten in Woodstock wohnte. Erfreulicherweise hatte er sein Harp-Köfferchen dabei, sodass er sich mit Julian, unangekündigt, bei »Alles, wat ich zo jähn wöhr«, dem »Official Hidden Track«, ein Harp-Duell liefern konnte. Während die beiden zugange waren, hatte ich das Foto vor meinem geistigen Auge, auf dem John Sebastian auf dem

Rücksitz von Dylans Motorrad sitzt, vor über einem halben Jahrhundert, an einer Kreuzung mitten im beschaulichen Woodstock aufgenommen. Zwei junge Kerle, denen man nicht unbedingt ihren Weltruhm ansah.

Und da wir im Studio gerade bei Dylans »All I Really Wanna Do« waren, war's auch nicht mehr allzu weit bis zu seiner allerersten eigenen Tourband, die als »The Band« später auf ihrem Album »Cahoots« den Dylan-Song »When I Paint My Masterpiece« gecovert hatten. Kurz entschlossen haben wir diesen dann auch noch, ohne langes Federlesen, aufgenommen. Die Strophen auf Larry, Julian und mich verteilt, Akkorde gecheckt und ab die Post. Zufälligerweise spielte dieses Lied obendrein auch noch eine Rolle in »Jriefbar noh«, einem Song, den wir erst am Vortag aufgenommen hatten. »Masterpiece« war für mich immer so etwas wie ein Leuchtturm, an dem ich mich orientieren konnte, wenn's drauf ankam.

Ungefähr das werden meine Erinnerungen gewesen sein, als wir uns fünf Jahre später über die Interstate 87 dem Best Western Plus Kingston

Hotel and Conference Center näherten. Ein bisschen enttäuscht waren wir von unserer Herberge schon, denn die war alles andere als individuell geraten, im Gegenteil: American Standard. Sei's drum, wir hatten ohnehin nicht vor, uns großartig im Hotel aufzuhalten, dafür gab's einfach zu viel zu tun. Langweilig würde es uns im Großraum Woodstock schon nicht werden.

Beispielsweise hatten wir es damals aus Zeitgründen einfach nicht geschafft, mal in die Wälder von West Saugerties zu pilgern, wo Bob Dylan mit seiner Band, die damals als Backinggroup von Ronnie Hawkins ja noch »The Hawks« hieß, in einem rosafarbenen Holzhaus im Sommer '67 Unmengen von Demos aufgenommen hatte, um einen Vertrag Grossmans mit dem Verleger Witmark & Sons zu erfüllen. Im Vorjahr waren sie gemeinsam auf einer extrem stressigen Welttournee gewesen, wo sie im zweiten Teil der Show regelmäßig ausgebuht wurden, weil Dylan es wagte, auch die elektrisch verstärkten Songs seiner letzten beiden Alben zu spielen. Auch Drogen forderten, was die Kondition betraf, ihren Tribut, und nach dem ominösen Motorrad-Crash zog er schließlich den Stecker und cancelte die restlichen Gigs. Es war einfach genug. In der Folge dann die Sessions im »Big Pink«, wo zunächst hauptsächlich Traditionals und Coverversionen aufgenommen wurden, bis Dylan dann mit immer mehr eigenem Material ankam.

Wir hatten gehört, dass sich inzwischen das Ehepaar Lasala um dieses legendäre Haus kümmert, das ohne dessen Engagement wahrscheinlich irgendwann abgerissen würde, um an die Stelle etwas Profitableres zu bauen. Also haben wir uns mit den Lasalas vor Ort verabredet, die uns dann in aller Ruhe durch die heiligen Hallen führen. Ich muss schon sagen, in diesem Keller zu stehen, wo von »Quinn The Eskimo« über »I Shall Be Released« und »This Wheel's On Fire« bis »You Ain't Goin' Nowhere« all die Songs aufgenommen wurden, die Jahre später unter dem Titel »Basement Tapes« weltweit für Furore sorgten, hatte etwas von einem Traum. Don Lasala zeigte mir, wer von den Musikern wo stand und dass es nur ein einziges Gesangsmikro gab, das natürlich hauptsächlich Bobs Gesang einfangen sollte. Wenn zwei- oder mehrstimmige Chöre angesagt waren, musste man halt einschätzen, wer mit welcher Lautstärke zu singen hatte. Don und Susan hatten das Haus zwar größtenteils unmöbliert übernommen, sich aber große Mühe gegeben, es stilgerecht einzurichten. Auch die Instrumente und Verstärker, die im Keller spielbereit auf Besucher warten, stammen aus den ersten zwei Jahrzehnten der Nachkriegszeit. Die Illusion ist perfekt. Man hätte sich vermutlich nicht groß gewundert, wenn man Levon Helm oder Robbie Robertson beim Abwasch in der Küche angetroffen hätte.

Mit Happy Traum, einem alten Weggefährten Dylans, hatte ich mich zum Musizieren am Originalschauplatz verabredet. 1971 hatte Bob mit ihm wenigstens noch einmal drei Songs der legendären Session für sein Album Greatest Hits Vol. II aufgenommen, weil zu dem Zeitpunkt noch nicht abzusehen war, ob die »Basement Tapes« jemals regulär veröffentlicht würden. Zu der Zeit waren längst Bootlegs mit Teilen der Session auf dem Markt, weil clevere Verlagsheinis die Demos kopiert und illegal auf Vinyl gepresst hatten, und das hatte natürlich zu endlosen Prozessen geführt.

Und so sitzen wir beide dann in diesem niedrigen Keller und spielen ein Lied, das hier vor genau fünfzig Jahren das Licht der Welt erblickt hatte: »You Ain't Goin' Nowhere«. Keine Ahnung, was die Jungs damals geraucht haben, aber sowohl der Text wie auch die relaxte musikalische Umsetzung lassen darauf schließen, dass gewisse Kräuter im Spiel waren. Und natürlich singt Happy Traum dann auch die leicht abgeänderten Strophen »seiner« Version, wo der Hunnenkönig Dschingis Khan und sein Bruder Don einfach nicht mehr mit dem Weitermachen weitermachen können. Und wo der Typ, der das Zelt einpacken soll, endlich einen Namen erhält: McGuinn, der Sänger der Byrds, die mit »Goin' Nowhere« zwischenzeitlich einen Hit hatten. Happy hat sich vor vielen Jahren endgültig in Woodstock niedergelassen und kennt die Gegend mittlerweile wie seine Westentasche.

Bob hat er lange schon nicht mehr getroffen, aber er hat großes Verständnis dafür, was es heißt, Bob Dylan zu sein. Freundschaften zu pflegen, sagt er, wird immer schwieriger, je bekannter man ist. Auf unserer 18er-Tour, wo wir »Goin' Nowhere« ab und zu mal gespielt haben, wenn befreundete Musiker uns besucht haben und sessionwillig waren, habe ich regelmäßig an den bescheidenen Happy Traum gedacht, der mich nicht nur als Musiker beeindruckt hat.

Als wir vor fünf Jahren im Dreamland aufgenommen hatten, haben wir beim Frühstücken im Bread Alone öfter mal einen älteren Herrn gesehen, den jeder hier zu kennen schien. »Das ist Elliott Landy«, sagte die Bedienung, und unmittelbar fielen mir die fast schon ikonografischen Fotos ein, die er von Janis Joplin, Jimi Hendrix, aber vor allem von The Band und Bob Dylan gemacht hatte. Schon klar, dass ich diesen Chronisten diesmal unbedingt persönlich kennenlernen musste. Wie so viele Künstler lebt auch er mitten im Wald, an einem kleinen See, der mir irgendwie bekannt vorkommt. Es gibt dieses Schwarz-Weiß-Foto von ihm, auf dem The Band mit dem Rücken zur Kamera auf einer verwitterten Parkbank sitzen und einen ruhigen See betrachten. Das Merkwürdige an dem Foto ist, dass man eigentlich nur zu dritt auf diese Bank passt, von den beiden äußeren Jungs passte nicht einmal mehr eine Arschbacke drauf. Und trotzdem tun sie so, als wäre es das Normalste der Welt, in dieser unbequemen Position zu verharren und entspannt auf den See zu schauen.

Wir verstehen uns auf Anhieb. Nach einer kleinen Palastführung durch sein Atelier weiß Hannes, von wo aus gefilmt werden soll, und schon geht's los. Keine Absprachen, keine No-Gos, keine Regieanweisungen, alles aus der Hüfte. Nur die Begrüßungsszene müssen wir ein paarmal wiederholen, weil jedes Mal seine Katze mit reinhuscht. Je öfter wir diese Szene drehen, desto bescheuerter wird sie, allerdings auch immer lustiger. Slapstick. Man muss Landy keine Fragen stellen, man kann sich getrost aufs Zuhören konzentrieren, denn er weiß, worauf es uns ankommt. Auch er erzählt von einer Zeit des Umbruchs, von Vietnam und einer Generation, die nicht einsehen wollte, wieso sie in einem Krieg, der nur aus wirtschaftlichen Interessen geführt wurde, ihr Leben aufs Spiel setzen sollte. Die Ablehnung dieser Politik habe die Leute in einem Maße miteinander verschmelzen lassen, wie man es nie für möglich gehalten hätte. Die Sechzigerjahre seien geprägt gewesen von der Suche nach Wahrheit, nach Authentizität. Er bedauert, dass, besonders im Showbereich, davon dermaßen wenig übrig geblieben ist. Austauschbarkeit, Oberflächlichkeit, wohin man auch schaut. Wer ist die Schönste im ganzen Land? Heute die, morgen eine andere. Völlig egal.

Bob Dylan hatte 1966 mit Woodstock nach seiner Flucht aus New York den idealen Platz zum Wiedereinpendeln gefunden. Davon handelten auch die Alben dieser Phase, von denen weiß Gott nicht alle gelungen waren, aber wer sagt denn, dass Bob Dylan nicht auch mal ins Klo greifen darf? Vom kargen »John Wesley Harding« über »New Morning« und dem für meinen Geschmack halbgaren »Nashville Skyline« bis zu »Planet Waves« sind immerhin dreieinhalb ordentliche bis großartige Alben während seiner Woodstock-Familyman-Ära rausgesprungen. Wenn man die »Basement Tapes« mitzählt, sogar viereinhalb. Für einen Zeitraum von sieben Jahren gar kein schlechter Schnitt. Er war

Vater geworden, hatte sich die Haare auf bürgerliche Normallänge geschnitten und genoss das Familienleben. Er fühlte sich wohl in dieser Atmosphäre und konnte sich in aller Ruhe auf seine Arbeit konzentrieren. Allerdings nur, bis man ihn auch in Woodstock aufgespürt hatte. Von da an wurde es wieder stressiger, aber bis dahin galt, was er in »Sign On The Window« so schön formuliert hat:

> *Build me a cabin in Utah*
> *Marry me a wife*
> *Catch rainbow trout*
> *Have a bunch of kids*
> *Who call me »Pa«*
> *That must be*
> *What it's all about*

Elliott Landy hatte die Fotos für »Music From Big Pink«, dem Debütalbum von The Band, die endlich den Namen von Ronnie Hawkins' Backinggroup hinter sich gelassen hatten, gemacht. Bob steuerte das Cover-Gemälde bei, auf dem ein Elefant einer sechsköpfigen Band zuhört. Erst danach lernten die beiden einander kennen, weil Al Aronowitz, ein Freund Dylans, ihn bat, Bob für die »Saturday Evening Post« zu fotografieren. Seine Scheu vor Fotografen hatte sich in den vergangenen drei Jahren anscheinend nicht gelegt. Genau wie Daniel Kramer erzählt Landy, dass Dylan erst nach und nach Vertrauen gefasst habe. Endgültig erst, als er eine Woche später alle Fotos dieser ersten Session gesehen hatte. Die zweite Session kam dann tatsächlich auf Bobs Initiative zustande, der ihm vorschlug, auch mal ein paar Fotos mit seiner Familie zu schießen. Landy traute seinen Ohren nicht, denn er hätte es nie im Leben gewagt, die Kinder oder Sara eigenmächtig zu fotografieren. Anscheinend waren das vertrauensbildende Maßnahmen, denn kurz danach rief Bob an, weil er ein Foto für die Rückseite von »Nashville Skyline« brauchte. Landy zeigt mir das unbeschnittene Foto, das als Quadrat schließlich auf der Vorderseite des Albums gelandet war, und erzählt die Geschichte dazu: Er hätte sich gerade vor Bob gekniet, weil er ein paar Fotos von ihm und seiner Gitarre in Untersicht schießen wollte, als der ihn fragte, ob er vielleicht seinen Hut aufsetzen solle. Exakt in dem Moment hatte Landy auf den Auslöser gedrückt, und das Schicksal des Fotos mit der Silhouette Nashvilles war besiegelt: Es wurde von der Vorderseite auf die Rückseite des Albums verbannt. So schnell kann's manchmal gehen.

Dann erzählt er noch, wie Michael Lang, der Hauptorganisator der »Aquarian Exposition«, persönlich mit seinem Motorrad bei ihm vorbeigekommen war, um zu fragen, ob er nicht Lust hätte, an allen drei Tagen des Festivals mit einem Access All Areas-Pass ausgestattet zu fotografieren. Das wäre das wichtigste Ja in seinem Leben gewesen, sagt er lachend. Bob Dylan hatte sich übrigens nicht auf dem Festival blicken lassen. Viele hatten gehofft, dass es wenigstens zu einem kleinen Gastauftritt bei The Band kommen würde, die ja auf dem Plakat angekündigt waren. Der erste Auftritt mit seiner mittlerweile selbstständigen Band fand kurz darauf, nur zwei Wochen später, auf der britischen Kanalinsel beim »Isle of Wight«-Festival statt. Es kann also nicht daran gelegen haben, dass Dylan etwas gegen riesige Festivals gehabt hätte.

Zum Abschied schenkt Landy mir seinen Fotoband »Woodstock Vision«, in dem Richie Havens im Epilog schreibt: Woodstock handelte eben nicht von Sex, Drugs & Rock 'n' Roll. Es handelte von Spiritualität und Liebe, vom Teilen, vom gegenseitigen Helfen und von einem Leben in Frieden und Harmonie.

Auf dem Weg zurück von Landys Haus zum Ortskern kommen wir an einer großen Wiese vor einem Kino vorbei, auf der eine Art Oldtimer-Messe stattfindet. Zugegebenermaßen bin ich überhaupt keiner, der Ahnung von alten Autos hat. Der einzige Oldtimer, den ich halbwegs identifizieren könnte, wäre der Opel P4 Lieferwagen meines Vaters, aber bei Baujahr und genauer Typenbeschreibung stünde ich auch da schon auf dem Schlauch. Ich war ein Junge, den man bei laufendem Motor allein im Auto sitzen lassen konnte. Ich bin an nichts drangegangen. Technik hat mich einfach noch nie interessiert. Da allerdings der Rest unserer Reisegruppe anders gepolt ist, gibt es dann doch einen ungeplanten Zwischenstopp bei all den zugegebenermaßen wunderschönen alten Autos und ihren entsprechend stolzen Besitzern. Nette Leute haben wir kennengelernt, beispielsweise den Mann, der mit seinem grünen Cabrio als Student von Woodstock aus nach Bethel gefahren war, wohin das Festival nach reichlich Hin und Her schließlich verlegt worden war. Leider waren damals durch den unfassbaren Andrang sämtliche Zufahrtswege schon weit vor dem Festivalgelände hoffnungslos verstopft, sodass er sein Auto irgendwo am Straßenrand hatte stehen lassen und des Rest des Weges zu Fuß gegangen war. Nach drei Tagen und reichlich Regen war ein erschöpfter, aber glücklicher Kerl zu seinem Zweisitzer zurückgekommen und hatte feststellen müssen, dass dieser sich in eine Badewanne verwandelt hatte. Er hatte wohl vor lauter Vorfreude vergessen, das Verdeck zuzumachen. Wenn man bedenkt, dass dieses Auto fast fünfzig Jahre später immer noch aussah wie neu, muss es sich offensichtlich um Wertarbeit gehandelt haben. Produziert zu einer Zeit, in der es in den Fabriken noch keine Planungsbüros für vorsätzlich kalkulierte Verschleißteile gab.

Als ich den Drehplan vor unserem Abflug gelesen habe, war ich mir nicht so sicher, ob ich wirklich Bock haben würde, die von Woodstock aus ungefähr achtzig Kilometer nach Bethel zu fahren, um mir eine große Wiese und das »Museum of Bethel Woods« mit dem Untertitel »Inspiring Generations Through Peace, Love & Music« reinzutun. Vor allem, weil Dylan ja – wie bereits erwähnt – da gar nicht aufgetreten war. Ganz im Gegensatz übrigens zu John Sebastian, der einen Trip eingeworfen hatte und nur mal backstage checken wollte, was so abgeht. Da an diesem Tag durch das Verkehrschaos und den Regen eine Programmlücke entstanden war, musste improvisiert werden. Es gelang einem der Organisatoren, John zu überreden, ein paar Solo-Songs beizusteuern. Keine Gitarre dabei? Kein Problem, Kollege Tim Hardin hat ihm seine geliehen, und schon ging's in einem selbst gefärbten Batikhemd und aufgekrempelter Schlabber-Jeans auf die Bühne, zu einem Auftritt, wie er unverstellter und reiner nicht sein konnte. John Sebastians Songs schwebten den Talkessel hinauf und berührten die Leute in ihrem Innersten. Er selbst konnte sich nur nebulös an diesen Gig erinnern.

Mittlerweile war ich dann doch nach allem, was

wir in diesen beiden ersten Tagen in Woodstock erlebt und erfahren hatten, ziemlich gespannt darauf, wie sich das anfühlt, wenn ich jetzt da unten im Talkessel, da, wo die Bühne stand, meinen Blick über ein imaginäres, zahlenmäßig noch nie da gewesenes Publikum schweifen lassen würde.

Am nächsten Morgen also dahin, wo Michael Lang und seine Mitveranstalter damals beim freundlichen Milchbauern Max Yasgur endlich das passende Gelände gefunden hatten. In Woodstock selbst war man schon, nachdem 50 000 Tickets verkauft waren, an die Kapazitätsgrenze gestoßen, beim zweiten Anlauf in Wallkill gab es Bürgerproteste, und dann zog man nach Bethel um, auf Yasgurs Weide. Leider erst so spät, dass man sich entscheiden musste, ob man fristgerecht entweder die Bühne oder einen Zaun um das Festivalgelände errichten wollte. Fazit: »… from now on, this is a free-concert!«, was die Veranstalter selbstredend in erhebliche wirtschaftliche Turbulenzen brachte.

Da wir vorangemeldet sind, gibt es erst mal ein paar einführende Worte vom Museumsdirektor selbst, und dann geht es direkt runter zu der Stelle, die, leicht übertrieben, als »Woodstock Monument« bezeichnet wird. Mich erinnert dieses Monument eher an einen geschmacklosen Grabstein – zu viel Rosa und Himmelblau –, auf dem in goldenen Lettern die Namen der Acts zu lesen sind, die damals eine halbe Million Menschen gerockt haben. Was mich deutlich mehr berührt, ist das, was mir eine zufällig anwesende Lady in meinem Alter erzählt, die das Festival aus den ersten Reihen miterlebt hat und heute nach all den Jahren zum ersten Mal mit Tochter und Enkel hergefahren ist. Wir kommen ins Gespräch, und Gott sei Dank checkt Hannes unmittelbar, dass ihre Geschichten sehr gut in unseren Film passen würden. Also unterbrechen wir kurz unseren Plausch, Daniel verkabelt uns, und wir setzen unser Gespräch ein paar Meter weiter an dem Holzzaun fort, der aus unersichtlichen Gründen die Wiese vom »Monument« trennt. Auf meine Frage, wen sie denn damals am tollsten gefunden habe, antwortet sie wie aus der Pistole geschossen: Joan Baez! Und dann zählt sie auf, wen sie sonst noch alles »am tollsten« gefunden hat.

Um es kurz zu machen: alle. Und wie sie das sagt, geht ein Strahlen über das Gesicht dieser mittlerweile lebenserfahrenen Frau, dem man entnehmen kann, dass es wohl ausschließlich angenehme Erinnerungen sind, die sie mit diesen »drei Tagen des Friedens und der Musik« verbindet. Sie ist damals sogar bis ganz zum Schluss geblieben, als Jimi Hendrix, genau genommen am vierten Tag, im Montag-Morgengrauen als allerletzter Act mit seiner Gitarre die amerikanische Nationalhymne zerlegte. Das Publikum bestand zu diesem Zeitpunkt nur noch aus wenigen Tausend Leuten, weil auf die meisten halt normale Wochentagsverpflichtungen warteten. Ein passenderes Finale hätte sich kein Dramaturg ausdenken können. Der Talkessel erinnerte an ein verlassenes Schlachtfeld, auf dem ganz unten, vor der Bühne dicht gedrängt, nur noch die letzten Unentwegten erschöpft, aber glücklich einen historischen Moment erlebten. Die »Three Days Of Peace & Music« waren stilecht mit einem eindeutigen musikalischen Statement zur damaligen US-amerikanischen Politik friedlich zu Ende gegangen. Was man vom Free Concert der Rolling

Stones zum Abschluss der Amerika-Tour, dreieinhalb Monate später auf dem Altamont Speedway in Kalifornien, leider nicht behaupten kann. Das, was als das »Woodstock der Westküste« gedacht war, musste – vor allem, weil man die Hells Angels als Sicherheitskräfte einsetzte, also die Böcke zum Gärtner gemacht hatte – vorzeitig abgebrochen werden. Das Free Concert von Altamont, wo vor den Stones noch eine ganze Reihe von internationalen Acts gespielt haben, von Ike & Tina Turner bis zu Crosby, Stills, Nash & Young, gilt seitdem als symbolisches Ende der Unschuld der Hippie-Bewegung, was immer das auch heißen mag.

Ursprünglich hatten wir vor, ehe wir von Boston aus nach Minneapolis fliegen würden, noch kurz einen Umweg über Lowell/Massachusetts zu machen, um am Grab von Jack Kerouac zu drehen. Im Verlauf der »Rolling Thunder Revue« war Bob Dylan mit Allen Ginsberg und Sam Shepard zum Edson Cemetery gepilgert, um dem Mann, der nicht nur »On The Road«, sondern viele weitere Vorlagen für Dylans diverse Roadtrips durch Amerika geschrieben hatte, ein Kaddisch-Ständchen zu bringen. Bob improvisierte auf einem indischen Harmonium, und Allen Ginsberg rezitierte dazu eine Passage aus Kerouacs »Mexico City Blues«.

Dylan hat den Einfluss Kerouacs auf seine eigene künstlerische Entwicklung nie verleugnet, im Gegenteil. Ad hoc fallen mir allein drei Buchtitel Kerouacs ein, die sogar titelgebend für Dylan-Songs sind: »Desolation Angels«, »The Subterraneans« und »Visions Of Cody« (»Desolation Row«, »Subterranean Homesick Blues«, »Visions Of Johanna«).

Für unser Album »Radio Pandora« hatte ich zehn Jahre zuvor mit dem Song »Wat für e' Booch« meine eigene Kerouac-Hommage rausgehauen, ohne daran zu denken, dass ich womöglich irgendwann mal tatsächlich in seine Nähe geraten würde, auch wenn es nur sein Grab wäre. Dabei war ich durch Larry Rivers, bei dem ich im Winter '73/'74 gewohnt hatte, ohne bis dahin von den Beat-Poeten irgendetwas gehört zu haben, eigentlich schon ganz nah dran gewesen, denn Larry galt unbestritten als der Maler der Beat-Generation. Er hatte sogar eine Rolle in Robert Franks Kerouac-

Verfilmung von »Pull my Daisy« gespielt. Sämtliche Beat-Poeten waren bei Larry ein und aus gegangen. Mit Frank O'Hara verband ihn eine nicht unbedingt platonische Freundschaft. Aus ihrer gemeinsamen Zeit stammen eine Menge Kollaborationen: Ölgemälde, Zeichnungen, Gedichte, Texte, alles Mögliche. Erst Anfang dieses Jahres bin ich im Koblenzer Ludwig Museum »O'Hara Nude With Boots«, einem Ölbild aus dem Jahr 1954, wiederbegegnet, auf dem Larry seinen damaligen Lover nackt, nur mit Stiefeln bekleidet, porträtiert hatte. Dieses Bild hing in den 70ern im Wohnbereich seines Lofts, der von der 13. bis zur 14. Straße reichte. Verklemmt war Larry jedenfalls zu keiner Zeit, auch später nicht, als er sich wieder eindeutig dem weiblichen Geschlecht zuwandte. Er war nun mal ausgesprochen neugierig und experimentierfreudig.

DULUTH

Anyway. Den Dreh an Kerouacs Grab mussten wir aus Zeitgründen leider canceln. Stattdessen roadmoviemäßig im pickepackevollen Van von Kingston nach Boston, wo wir erst sehr spät in der Nacht ankommen und völlig geschafft ins Bett fallen. Nicht ohne vorher den Wecker zu stellen, denn um 10:55 Uhr geht bereits unser Flug nach Minneapolis/St. Paul. Und wenn man weiß, wie kompliziert die Abfertigung mit reichlich Kameraequipment und Gitarrenkoffer werden kann, denkt man schon beim Einschlafen daran, dass es besonders diesmal mit dem Schönheitsschlaf nichts werden wird. Und so war's dann auch.

Vom Flug habe ich vor allem in Erinnerung,

dass wir alle sechs todmüde in der allerletzten Reihe saßen wie die Hühner auf der Stange und irgendjemand ein Foto davon gemacht hat. Von Minneapolis wusste ich nicht viel mehr, als dass Prince hier seine Paisley-Park-Studios betrieben hatte und dass Bob Dylan sich eine Zeit lang als Student im Universitätsviertel Dinkytown rumgetrieben hat. Aber das war okay so, weil die Twin Cities, St. Paul und Minneapolis, ohnehin nicht auf unserem Drehplan standen. Wir mussten nach der Landung lediglich unser Gepäck im nächsten Van verstauen und über die Interstate 35 noch bis nach Duluth, der Geburtsstadt Dylans, fahren.

Kurz vor unserer Ankunft am Lake Superior summt Tinas Handy. Unsere Tochter Jojo klingt aufgeregt: »Habt ihr schon mitgekriegt, dass Tom Petty gestorben ist?« Blankes Entsetzen. Näheres weiß Jojo nicht, die Nachricht sei eben erst auf ihrem Laptop aufgeploppt. Sie ist regelrecht geschockt, schließlich gehörten die Petty-Alben zum festen Repertoire im CD-Player, wenn wir als Familie damals längere Strecken gefahren sind. Unsere Kinder waren ebenso mit Tom Petty aufgewachsen wie mit den Beatles, den Stones, Bob Dylan, Johnny Cash und Leonard Cohen. Und sie wussten, dass Tom Petty ungefähr so alt wie ihr Vater war. Alles was recht ist, aber in dem Alter gibt man doch den Löffel noch nicht ab! Es wurde ganz still im Van, die meisten hatten eigene Erinnerungen an Tom Petty. Tina erinnerte sich, dass wir ihren Vater, der selbst ein begeisterter Akkordeonspieler war, einmal mit nach Essen genommen hatten, wo Petty mit den Heartbreakers in der Grugahalle spielte. Der pensionierte Hauptschullehrer, der ansonsten nicht besonders viel mit Rock 'n' Roll anfangen konnte (außer natürlich wenn sein Schwiegersohn mit von der Partie war), war durchaus angetan von dem, was er da hörte, denn überflüssiges Gitarren-Gefichtel zulasten der Textverständlichkeit fand nicht statt, und das war für ihn schon mal die halbe Miete.

Ich selbst musste unter anderem daran denken, wie ich vor vielen Jahren einmal mit meinem Freund Kalau nach Frankfurt zu einem Dylan-Konzert gefahren bin, weil er wissen wollte, »wat du eijentlich ahn dämm Typ esu jeil fingks«.

Von der Besetzung her stand uns ein sensationelles Konzert bevor. Den ersten Teil würde Tom Petty mit seiner Band alleine bestreiten, dann käme Roger McGuinn dazu und nach der Pause schließlich der Meister. Und in der Tat, bis dahin lief auch alles prächtig. Wir standen mit unserem Plastikbecher Bier im Innenraum und waren begeistert von dem, was die Kollegen da ablieferten. Die Jungs waren in Topform. Ich kann mich eigentlich gar nicht mehr daran erinnern, ob es überhaupt eine Pause gegeben hat. Als Dylan jedenfalls, umhüllt mit einer goldenen Stola, schwarzem Stirnband und Kajal-umrandeten Augen (die ich allerdings erst später auf Fotos bemerkte), grußlos die Bühne betrat und lustlos irgendwas auf seiner Gitarre klimperte, schwante mir Übles. Und richtig, von nun an ging es mit der guten Laune rapide bergab. Die Heartbreakers stimmten den ersten gemeinsamen Song an, was Dylan allerdings nicht besonders zu interessieren schien. Nach einer gefühlten Ewigkeit konnte man erraten, um welches Lied es sich wohl handelte. Der Light-Operator hatte offensichtlich strengste Anweisung erhalten, die Bühne in ein Scherenschnitttheater zu verwandeln. Der Meister wurde ausschließlich von hinten beleuchtet. Obendrein schien der Mitarbeiter am FOH-Pult zu resignieren. Wo vorher noch alles sensationell ausgewogen geklungen hatte, waren plötzlich nur noch undefinierbare Töne auszumachen. Auch die Spielfreude der Heartbreakers schien wie wegbefohlen. Das Konzert wurde zum Albtraum, und so – wenig verwunderlich – meinte Kalau, der immerhin tapfer eine Dreiviertelstunde durchgehalten hatte: »Hör ens, … ich benn schon ens nohm Bierstand …« Es war ihm nicht zu verdenken. Ich selbst habe natürlich ausgeharrt, weil ich, was Loyalität betrifft, ein unverbesserlicher Träumer bin. Vielleicht würde er ja doch noch die Kurve kriegen. Ich verlasse ja schließlich auch nicht das Müngersdorfer Stadion, wenn der FC hoffnungslos zurückliegt. Ich gebe zu, dass ich einer von diesen sentimentalen Romantikern bin, die nach dem Spiel zum Trost für die geschlagene Elf mit Tränen in den Augen das Bläck-Fööss-Lied »Enn unserm Veedel« anstimmen. Aber nur, wenn die Jungs auch wirklich alles gegeben haben!

Was soll ich sagen? Der Meister hat die Kurve nicht gekriegt. Hätte ich nicht den Mitschnitt vom Anfang der Tour im Jahr zuvor in Australien gesehen, wäre ich vermutlich gar nicht erst auf den Gedanken gekommen, etwas Großartiges zu erwarten. Denn die beiden Studioalben, die '85 und '86 erschienen sind, waren bestenfalls als mittelmäßig zu bezeichnen, und der Spielfilm »Hearts Of Fire« fiel leider unter die Rubrik »Peinlichkeiten«. Aber die Aufnahmen vom ersten Teil der Tour waren großartig. Von Midlife-Crisis keine Spur, im Gegenteil, er war irgendwie aufgeblüht. Das Debakel vom Live-Aid-Concert, wo er mit Keith Richards und Ron Wood als letzter Act vor dem Finale in Philadelphia aus der Kurve geflogen war, war abgehakt. Und jetzt so was. Es sollte noch zwei Jahre dauern, bis er mit Daniel Lanois in New Orleans wieder hundertprozentig in die Spur fand.

Eine weißhaarige Lady hat schon auf uns gewartet. Kaum habe ich geklingelt, steht sie auch schon mit ihrem Gästebuch vor der Haustür dieses beige gestrichenen Holzhäuschens, im Stadtteil Central Hillside, nur fünf Blocks von der Waterfront und zwei Blocks entfernt vom St.-Mary-Hospital, wo Dylan im Jahr des Überfalls auf Pearl Harbor geboren wurde. Über der Tür hängt eine Metallplakette, auf der steht, dass Bob Dylan hier von 1941 bis 1947 gewohnt hat. Hier hat Dylan seine Kindheit verbracht, bis die Familie nach Hibbing umziehen musste, weil sein Vater an Polio erkrankte und auf die Unterstützung der dort lebenden Verwandtschaft angewiesen war. Die alte Lady ist ganz aufgeregt, weil diesmal sogar ein Kamerateam die Dylan-Fans begleitet. Ich hätte mich ganz gerne mit ihr darüber unterhalten, wie es sich anfühlt, in dieser Pilgerstätte zu wohnen. Aber irgendwie schaffe ich es nicht, sie in ein Gespräch zu verwickeln. Das Einzige, was sie interessiert, ist offensichtlich unser Eintrag in ihrem Gästebuch.

Okay, denke ich, das ist jedenfalls ehrenhafter, als sich zu irgendwelchen Standardantworten nötigen zu lassen. Eigentlich hat die Lady ja recht. Sie wohnt halt in einem Haus, in dem vor siebzig Jahren mal eine Berühmtheit gelebt hat. Na und? Muss sie deshalb jedem dahergelaufenen Blödmann etwas über diese Person erzählen und ihn womöglich noch hineinbitten, damit er sich in ihrer Wohnung umsehen kann? Natürlich nicht. Ich respektiere selbstverständlich ihre Privatsphäre und lass mal lieber meiner Fantasie freien Lauf. Hier, auf dieser Veranda, hat also der kleine Robert Zimmerman mit seinen Blechautos und Bakelit-Indianern gespielt, während auf dem Lake Superior die Nebelhörner der Eisenerzfrachter ertönten, die über zahlreiche Schleusen des Sankt-Lorenz-Seewegs ihre Fracht bis ins offene Meer transportieren konnten. Was mag damals in seinem Lockenkopf vor sich gegangen sein? Vermutlich so was Ähnliches wie in meinem, wenn ich als Sechsjähriger auf der Südbrücke stand und sehnsüchtig den Schleppkähnen nachblickte, die sich stromaufwärts in Richtung Siebengebirge quälten. Hinter den sieben Bergen liegt das kleine Weinstädtchen Unkel, von wo aus mein Vater zwischen den Weltkriegen fünfzig Kilometer rheinabwärts nach Köln ausgewandert ist, nachdem die aus Amerika eingeschleppte Reblaus die Berufsgrundlage der Winzer an Rhein, Mosel, Ahr und Nahe zunichtegemacht hatte. Meine Kumpels und ich haben uns allerdings nicht mit Kinkerlitzchen wie »Unkel« beschäftigt. Für uns waren die sieben Berge die Alpen. Und wie jeder weiß, fängt hinter den Alpen Italien an. Dann kommt das Meer, und auf der anderen Seite von all dem Wasser geht Afrika los. Völlig klar. Jedenfalls für tagträumende kleine Jungs.

Christoph Pöthke hatte uns zwei äußerst sachkundige Fremdenführer besorgt, deren Verein sich unter dem Namen »Bob Dylan Way« bemüht, das Andenken an Dylan in seiner Geburtsstadt hochzuhalten. Wir hatten uns vor der »Duluth National Guard Armory«, dem berühmten ehemaligen Waffenlager der Nationalgarde, mit den Jungs verabredet. Sie erzählen uns, dass Bob als 17-Jähriger von Hibbing aus hierhin gefahren sei, um in dieser Halle Buddy Holly zu erleben, der drei Tage danach ums Leben gekommen ist, als er und zwei weitere Musiker nachts nach einem Auftritt in einem Schneesturm mit einem winzigen Propellerflugzeug abstürzten. (Einer davon übrigens Ritchie Valens, der mit »La Bamba« den Welthit hatte, dessen Akkorde später im Refrain von »Like A Rolling Stone« gelandet sind.) Dylan erzählte diese

Geschichte in seiner Dankesrede, als er für das Album »Time Out Of Mind« einen Grammy entgegennahm. Er hätte nur drei Fuß entfernt vor der Bühne vor Holly gestanden und sei sich sicher gewesen, dass Buddy ihn angesehen hätte. Buddy Hollys Geist hätte über der gesamten Produktion des soeben ausgezeichneten Albums gestanden.

Mittlerweile befindet sich die Armory in einem äußerst besorgniserregenden Zustand. Seit ewigen Zeiten finden hier keine Veranstaltungen mehr statt, immerhin haben sich jetzt Leute zusammengetan, um den Verfall aufzuhalten, was im neoliberalen Amerika allerdings kein Zuckerschlecken ist, obwohl das Gebäude ebenso idyllisch wie verkehrsgünstig fast direkt am See, in unmittelbarer Nähe des Leif Erikson Parks liegt. So was wie Denkmalschutz gibt's kaum, und von daher wäre es nach neoliberaler Logik billiger, diese historische Stätte einfach abzureißen und eine schicke, neue Halle hinzubauen, es sei denn, es würden sich idealistische Sponsoren finden lassen. Das Blöde ist nur, dass auch aus Duluth die Menschen abwandern. Mit dem Niedergang der Schwerindustrie ist auch hier Hängen im Schacht, denn wo kaum noch Eisenerz abgebaut wird, gibt's auch nicht mehr großartig was zu verschiffen.

Selbstredend müssen wir auch unbedingt zum Highway 61, an dessen Ruhm Dylans Song und Album »Highway 61 Revisited« nicht ganz unschuldig ist. Ein surrealistischer Parforceritt, bei dem offensichtlich wieder einmal die Beat-Poeten Pate gestanden haben. Vom alttestamentarischen Menschenopfer

God said to Abraham: »Kill me a son!«
Abe said: »Man, you must be puttin' me on«

über die inzestuöse Verbindung der zweiten Mutter mit dem siebten Sohn bis zum nächsten Weltkrieg, den ein gelangweilter Spieler anzettelt, lässt Dylan alles auf dem Highway 61 stattfinden, der sich vom Lake Superior entlang des Mississippi bis nach New Orleans schlängelt. Einmal vom hohen Norden der USA bis ins Mississippi-Delta, jenseits von New Orleans. Ich selbst habe mich damals, als ich den Song für mein »Leopardefell«-Album eingekölscht habe, auf einen weitaus kleineren Schauplatz beschränkt, nämlich auf den Nürburgring. Das schien mir angemessen, weil dort mitunter die merkwürdigsten Veranstaltungen stattfinden und er sich obendrein unweit der Autobahn 61 befindet, auf der man sich, vor allem in Schulferienzeiten, von der niederländischen Grenze bis zum Autobahndreieck Hockenheim vor Campingwagen mit gelb-schwarzen Nummernschildern in Acht nehmen sollte.

Und dann gibt es noch die von den »Bob Dylan Way«-Leuten gestalteten Kanaldeckel, die an drei Stellen im Stadtbild auftauchen. Zwei davon zeigen sie uns auf dem Rundgang, der uns durch den Leif Erikson Park (benannt nach dem Wikinger, der angeblich schon vor den Pilgervätern hier gewesen sein soll) bis zum Bayfront Festival Park führt. Wenn ich mir überlege, mit welchem Stolz die Liverpooler ihre Beatles abfeiern, kommt es mir, euphemistisch ausgedrückt, äußerst bescheiden vor, wie man in Duluth mit dem offensichtlich größten Sohn der Stadt umgeht.

Außer unseren »Bob Dylan Way«-Freunden

scheint sich nur der Verein »Duluth Does Dylan« um so was zu kümmern. In unregelmäßigen Abständen nehmen junge hiesige Musiker Dylan-Songs in eigenen Versionen auf, die allesamt von Tim Nelson in einer zum Studio umgebauten, säkularisierten katholischen Kirche, zu deren Inventar auch eine filmreife historische Orgel gehört, produziert werden. Mit ihm und der Singer/Songwriterin Sarah Krueger treffe ich mich am nächsten Vormittag, kurz bevor wir nach Hibbing aufbrechen. Wir hatten verabredet, gemeinsam »Girl From The North Country« aufzunehmen, weil das ja wohl der Song ist, der vor allem in dieser Konstellation am besten nach Minnesota passt. Wir hatten Sarah in einem Videoclip entdeckt, der auf dem zugefrorenen Lake Superior aufgenommen worden war. Mehr »Girl From The North Country« geht eigentlich nicht. Übrigens der erste Dylan-Songtext, den ich jemals eingekölscht habe, allerdings haben wir nie eine Stelle auf einem Album gefunden, wo diese kölsche Version hingepasst hätte. Schade eigentlich. Und für unsere gemeinsame Duluth-Fassung kam Kölsch natürlich nicht infrage. Wenn ich mich recht entsinne, dann habe ich das Lied irgendwann zwischen »Helfe kann dir keiner«, »Anna« und »Jraaduss« übersetzt. Genau genommen ist meine »Liebeskummer-Trilogie« also vierteilig. Vielleicht sollten wir die Nummer bei Gelegenheit einfach mal live antesten oder als Bonustrack aufnehmen, bevor er komplett in Vergessenheit gerät.

Sarah erzählt mir, dass sie viele Dylan-Songs schon seit ihrer Kindheit kennt, weil ihr Onkel die oft am Lagerfeuer gespielt hat, und je tiefer sie sich in die Materie eingearbeitet habe, desto klarer sei ihr geworden, dass man den Liedern ihre Abstammung anmerkt. Hier oben an der kanadischen Grenze seien die Menschen schon allein wegen der langen, furchtbar kalten Winter weniger euphorisch, aber Dylans Lieder seien irgendwie heilsam, findet sie.

Wir müssen heute Abend jedenfalls noch nach Hibbing fahren, wo 1914 die Greyhound-Busse erfunden wurden und Bob Dylan seine Liebe zur Musik entdeckte. Auf dem Weg zum Van schrecken wir zwei schwarze Jungs in Kapuzen-Sweatshirts auf, die sich offensichtlich bei einem Drogendeal erwischt fühlen, und mir fällt ein, dass ich vergessen habe, unsere Fremdenführer zu bitten, uns die Stelle zu zeigen, an der im Juni 1920 drei farbige Hilfsarbeiter des John-Robinson-Zirkus trotz widersprüchlicher Indizien gelyncht wurden, weil sie angeblich ein weißes Mädchen vergewaltigt hatten. Die Polizei hatte sich damals dezent zurückgehalten. Erst nachdem die drei Männer eindeutig tot waren, trieb die Polizei den Lynchmob auseinander. Noch Jahre nach dieser Tat waren Erinnerungspostkarten im Umlauf, auf denen Einwohner von Duluth stolz neben den Leichen posierten. Erst 2003 wurde den Opfern ein Denkmal gesetzt, das nach den ermordeten Männern benannt wurde: Clayton-Jackson-McGhie-Memorial, an der Ecke 2nd Ave und East 1st Street. Vier Jahrzehnte nach »Desolation Row« und dreiundachtzig Jahre nach der Tat.

> *They're selling postcards of the hanging*
> *They're painting the passports brown*
> *The beauty parlor is filled with sailors*
> *The circus is in town*

HIBBING

Hier oben an der Grenze zu Kanada fühlt man sich landschaftsmäßig irgendwie in die schwarze Filmkomödie (und spätere Netflix-Serie) »Fargo« von Ethan und Joel Coen versetzt. Vor allem, wenn auch noch Städtenamen wie Bemidji auf Hinweisschildern auftauchen. Nur gut, dass es jetzt erst Herbst ist, denn wenn es hier mit Schnee losgeht, will man vermutlich lieber woanders sein. Hibbing würde zweifelsohne einen hervorragenden Schauplatz für die nächste Staffel abgeben. Da, wo noch bis 1893 nur ein Holzfällercamp stand, gründete ein Auswanderer aus Walsrode in Niedersachsen namens Frank Hibbing die Stadt Alice. Er hatte nämlich im Boden Eisen entdeckt, was in der Folge die großen Bergbauunternehmen auf den Plan rief. Bereits fünfundzwanzig Jahre später wurde Alice vom Tagebau geschluckt, weil die Stadt blöderweise und wenig vorausblickend auf wertvollem Eisenerz erbaut war, und eine Meile weiter unter dem Namen des Stadtgründers wieder aufgebaut. So was konnten sich die beteiligten Unternehmen aus der Portokasse leisten, denn der Eisenerzhandel florierte prächtig. Die meisten Einwandererfamilien stammten übrigens aus Deutschland, aber auch Finnen, Norweger, Italiener, Iren und Schweden hatten sich aufgemacht, um hier im Tagebau zu arbeiten und Familien zu gründen. Eine davon hieß Zimmerman, und die kümmerte sich ab 1947 um die von Duluth nach Hibbing gezogene Familie des an Polio erkrankten Abram Zimmerman, nachdem dieser seine Arbeit als leitender Angestellter bei der Standard Oil Company verloren hatte. Seine Brüder hatten hier vor einiger Zeit ein Fachgeschäft für Haushaltsgeräte aufgemacht, wo Abe sich trotz seiner Krankheit nützlich machen konnte, um die beiden Söhne, seine Frau und sich zu ernähren.

Das alles und noch mehr erzählt mir Linda Stroback, die bis vor Kurzem noch auf der Howard Street, sozusagen auf der Hauptstraße von Hibbing, direkt gegenüber vom Androy Hotel, ein Dylan-Café mit dem Namen »Zimmy's« betrieben hat. Ausstaffiert mit ihrer Dylan-Memorabilia-Sammlung, die sie schließlich in ihrem eingeschossigen Haus und der dazugehörigen Garage unterbringen musste. Natürlich platzt dieses Häuschen jetzt aus allen Nähten, aber obwohl Linda ihren Traum vom Café aufgeben musste, macht sie keinen verbitterten Eindruck. Es lag nicht an ihr, sondern am Niedergang der Stadt, denn es gibt kaum noch Arbeit in der Hull-Rust-Mahoning-Grube, der immer noch weltweit größten Eisenerz-Tagebaugrube. Die Konkurrenz aus China sei einfach zu groß. Die jungen Menschen wandern ab, die Alten bleiben, und nach und nach wird aus Hibbing eine Geisterstadt. Wir hatten uns bei ihr zu Hause verabredet, wo sie uns stolz einige Kostbarkeiten aus ihrer Sammlung zeigt, zum Beispiel eine Trommel mit der Aufschrift »The Golden Chords« von Dylans erster Band, deren Schlagzeuger LeRoy Hoikkala hieß. Sein Vorname steht merkwürdigerweise doppelt so groß wie der Bandname auf dem Fell. Und dann gibt's noch eine fantastisch klingende uralte Gibson-Akustikgitarre, die ich ihr am liebsten abgeschwatzt hätte. Aber so was gehört sich natürlich nicht, stattdessen ermahne ich sie, diese Kostbarkeit bloß nie zu verkaufen.

Sehr nett, dass Linda mich ihren Pick-up-Truck fahren lässt, der mich an ungezählte Lassie-Episoden erinnert, auf die ich als Kind total stand. Mit diesem riesigen Schiff cruisen wir erst mal durch die überschaubare City, die in erster Linie aus der Howard Street besteht. Schon in den Seitenstraßen herrscht tote Hose. Viele Ladenlokale sind verrammelt, und bei denen, die noch geöffnet haben, handelt es sich hauptsächlich um An- und Verkauf-Shops, denn die Leute, die von hier wegziehen, lassen anscheinend ganz gerne überflüssigen Ballast zurück. Etwas abseits, in einem reinen Wohnviertel, hat man eine Straße in »Bob-Dylan-Drive« umbenannt, weil sich hier das Wohnhaus befindet, in dem er aufgewachsen ist. Das blau gestrichene Eckhaus mit der Nummer 2425 stand laut Linda lange leer. Vor Kurzem erst habe sich ein Käufer, anscheinend ein Dylan-Fan, gefunden, der es renovieren und der Öffentlichkeit zugänglich machen will. Näheres wisse sie nicht. Lachend deutet sie auf die angebaute Garage und erzählt, dass Bob aus seinem Zimmer auf das Garagendach steigen konnte, wenn er sich nachts unerlaubterweise noch ein wenig rumtreiben wollte. Außerdem sei das ein hervorragender Fluchtweg für Echo Helstrom, Dylans Highschool-Sweetheart, gewesen, wenn seine Eltern verfrüht nach Hause kamen. Einmal hätten die Jungs aus seiner Band ihn gefragt, ob sie nicht in der Garage proben könnten. Die Antwort: »Ich probe keine Musik, ich mache Musik.« Zwei Blocks weiter ist der Meister zur Schule gegangen. Die Hibbing High School wurde in den goldenen Jahren der Stadt erbaut. Die Aula, in der Dylan bei Schulaufführungen mitwirkte, hat Carnegie-Hall-mäßige Ausmaße: Stuckdecken, vor der Bühne ein Orchestergraben und ein original Steinway-Flügel, der allein schon ein Vermögen gekostet haben dürfte. In den Gängen der Schule gibt es Vitrinen, in denen man Fotos und alte Jahrbücher bestaunen kann, die Robert Zimmerman als Schüler zeigen. Natürlich ist man hier sehr stolz darauf, dass es ein Schüler dieser Schule zum Literaturnobelpreisträger gebracht hat. Ein Foto zeigt ihn zusammen mit Barack Obama während der Verleihung der Freiheitsmedaille. Der Präsident wurde anschließend gefragt, ob er es in Ordnung gefunden hätte, dass Dylan sich ihm gegenüber dermaßen reserviert verhalten habe. Das sei vollkommen okay für ihn, sagte er, er sei halt nur der Präsident der Vereinigten Staaten, während sein Gegenüber Bob Dylan sei. Stimmt, so sieht's aus. Wenn man sich diese Preisverleihung im Internet anschaut, dann ist die drolligste Szene die, in der Obama ihm zur Begrüßung die Schulter tätschelt, weil ihm anscheinend jemand vor der Zeremonie gesteckt hat, dass Dylan es hasst, Hände zu schütteln. Was macht Bob? Er tätschelt zurück. Alles gut.

Sein Händedruck ist tatsächlich so eine Sache für sich, wie ich aus eigener Erfahrung weiß. Im Mai 2000, während wir mit Wim Wenders in Köln am BAP-Film arbeiteten, spielte Dylan in der Kölnarena, und da Wim und Bob sich ja seit der »Rolling Thunder Revue« kennen, durften wir sein Konzert von einem Platz hinter den PA-Wings aus sehen, inklusive anschließender Audienz. Und wie man das so macht: Wim stellt seine Freunde einander vor. Alles easy. Da man mir beigebracht hat, dass ein fester Händedruck für einen Kerl Pflicht sei, drücke ich Bob in bewährter Form die Hand und bin völlig überrascht, wie unfassbar schlaff sein Händedruck ist. »O Gott«, denke ich, »ich werde dem Meister doch jetzt nicht die Hand gebrochen haben?« … Er guckt mich zwar leicht aufgeschreckt an, aber letztendlich scheint alles okay zu sein. Der Rest der Audienz verlief dann unfallfrei. Die beiden alten Kumpels haben sich ausgetauscht. Bob wollte, da er demnächst in Berlin spielen würde, von Wim ein paar Fragen zur deutschen Kaiserzeit beantwortet haben. Und um im vorauseilenden Gehorsam die diesbezüglich am meisten gestellte Frage zu beantworten: Nein, ich habe ihn nicht gefragt, ob er mein Album mit den ganzen kölschen Coverversionen gehört hat. Bin ich bescheuert und vermassele dieses wunderschöne Treffen zweier Weggefährten, die sich lange nicht mehr gesehen haben? Den Teufel werd ich tun! Ich fand es schon mehr als ausreichend, dass Bruce Springsteen damals, als ich ihn in New York kennengelernt habe, meinte, er würde Bob auch ein Exemplar von diesem »Leopardefell«-Album zukommen lassen. Hat er offensichtlich auch gemacht, denn kurz darauf traf ein Fax vom Dylan-Management im BAP-Büro ein, man möge doch bitte eine ganze Kiste meines Dylan-Albums fürs Archiv rüberschicken. Das sollte genügen.

Aber zurück nach Hibbing und zu Linda Stroback. Nach Dylans Schule besuchen wir noch eine Art Stadtmuseum im Gebäude des Hibbing City Memorial Buildings, das vor allem eine Eissporthalle beherbergt und unterirdisch einen kleinen Theatersaal mit gepolsterten Sitzen und einem roten Vorhang. Hier hängt ein vergrößertes Live-Foto von den »Golden Chords«, die in den 50ern hier aufgetreten sind. Auf dem Foto weit und breit keine Verstärkeranlage, noch nicht mal ein Mikro. Dylan als eine Mischung aus Little Richard und Elvis mit einer akustischen Gitarre und hinter ihm ein Schlagzeug, auf dem groß »Le Roy«

und klein »Golden Chords« steht. Der Drummer selbst ist leider von Bob verdeckt. Good enough for Rock'n'Roll! Ähnliche Fotos gibt's auch von mir und meinen Schülerbands, vor allem von den »Convicts«, denn ab »The Troop« hatten wir ja schon Mikrofone und elektronisch verstärkte Instrumente.

Der zweite Hibbing-Tag beginnt im »Sportsmen's Restaurant & Taverna«, wo ich mit Rob Farnsworth, einem jungen Republikaner, verabredet bin, um mit ihm über die politische Situation in seiner Stadt zu reden. Er ist eindeutig der Jüngste im Lokal. Der Rest der Gäste ist eher in meinem Alter. Es gibt ausschließlich kalorienreiches American-Standard-Food. Auf der Karte etwas Vegetarisches zu finden ist aussichtslos. Der Begriff »vegan« dürfte unbekannt sein. Immerhin gibt's Kaffee, den man sich, ohne zu fragen, so oft nachfüllen darf, wie man will. Rob erzählt mir, dass die Leute hier oben von Natur aus konservativ seien, weil sie hart arbeiten und ihnen keiner was schenkt. Auch wenn seit 1928 sämtliche Wahlen hier von den Demokraten gewonnen wurden, grundsätzlich seien die Menschen in Hibbing konservativ. Die Demokraten hätten halt immer als die Partei der Arbeiter gegolten. Deshalb hätte man traditionsgemäß seit jeher schön brav sein Kreuzchen bei der »Arbeiterpartei« gemacht. In den letzten Jahren nach der Bankenkrise und vor allem nach dem Niedergang der Schwerindustrie sei allerdings nach und nach der Eindruck entstanden, dass die Obamas und Clintons sich nicht mehr für ihre Sorgen interessieren würden. Das war Trumps Chance. Da ich den Eindruck habe, dass Farnsworth kein verblendeter republikanischer Parteisoldat ist, sondern im Gegenteil in der Lage ist abzuwägen, frage ich ihn irgendwann unverblümt, was er eigentlich von Trump hält. Seine Antwort werde ich wohl nie vergessen: »He wouldn't be my first choice, but …«, sagte er. Very british!

Bevor wir morgen wieder zurück zum Flughafen der Twin Cities fahren, um sozusagen entlang des Mississippi und dem Highway 61 nach New Orleans zu fliegen, gönnen wir uns noch einen Ausflug zum größten Baggerloch der Welt. Hier treffen wir Adam Brown, einen freundlichen

Journalisten, Blogger und Experten für die Minnesota Iron Range. Auch was Dylan betrifft, kennt er sich aus. Er weiß beispielsweise, dass Bob diese Stadt und das riesige Loch nie wirklich mochte und im Traum nicht daran gedacht hat, sich hier bei irgendjemandem (seiner Familie ausgenommen) zu bedanken. Auch nicht bei Tim Nelson, dem Duluth-Does-Dylan-Producer, der mich vorgestern in der säkularisierten Kirche einigermaßen mit seiner Anmerkung, Dylan hätte sich ruhig mal bei den Menschen von Duluth revanchieren können, irritiert hat. Für was denn, bitte? Wer seine beiden frühen Gedichte »My Life In A Stolen Moment« und »Eleven Outlined Epitaphs« kennt, macht sich keine Illusionen über eine wie auch immer geartete dylansche Heimatverbundenheit. Er wollte immer nur weg von hier, und bis auf die Beerdigung seines Vaters ist er nie zurückgekommen in diese kaputte Landschaft, in die rücksichtslos abgeholzten Wälder und zu den Leuten, denen es in Zeiten, in denen Stahl für Panzer, Kriegsschiffe und Kanonen gebraucht wurde, wirtschaftlich am besten ging.

Et jeht öm Arbeitsplatzerhaltung enn dä Rüstungsindustrie habe ich vor vielen Jahren in »Drei Wünsch frei« gesungen und damit eben auch ein klassisches Dilemma beschrieben: Wären die Nazis ohne amerikanische Kanonen und Panzer bezwungen worden? Natürlich nicht.

South Hibbing
Is where everybody came t' start their
Town again, but the winds of the
North came followin' on grew fiercer
An' the years went by
But I was young
An' so I ran
An' kept runnin' …

NEW ORLEANS

Das hätte mir mal einer vor drei Jahren sagen sollen, dass ich heuer zweimal beruflich in New Orleans zu tun haben würde. Erst im Mai hatte ich mit fast derselben Besetzung wie vor fünf Jahren in Woodstock, als wir »Zosamme alt« eingespielt hatten, hier im Esplanade-Studio das »Familienalbum/Reinrassije Strooßekööter« aufgenommen. In diesem Fall allerdings sämtliche Songs auch mit Bass und Schlagzeug, denn das Familienalbum sollte nicht ganz so dezent daherkommen wie das aus Woodstock. Leider war diesmal Larry Campbell aus Zeitgründen nicht verfügbar, dafür hatten wir aber J. J. Johnson, den Schlagzeuger von der Tedeschi Trucks Band und Leonard Cohens Bassisten und langjährigen Musical Director Roscoe Beck dabei. Die restlichen Gastmusiker hatten wir vor, bei Bedarf vor Ort zu rekrutieren, denn es machte wirklich keinen Sinn, beispielsweise Bläser hierhin zu importieren. So was würde eindeutig unter »Eulen nach Athen tragen« fallen.

Die Idee für dieses Projekt war in den letzten Jahren herangereift, und ich übertreibe nicht, wenn ich behaupte, dass ich mir damit einen Herzenswunsch erfüllt habe. Diesmal sollte es um meine Familie gehen. Meine drei noch lebenden Cousinen und ich sind die Letzten, die unseren Kindern und unseren Enkeln noch etwas von ihren Ahnen in Köln und Unkel erzählen können. Und da ich im Laufe der Jahre ja das eine oder andere Lied zu dem Thema geschrieben hatte, musste ich nicht bei null anfangen, wenn ich diese Idee umsetzen wollte. Also habe ich mein Repertoire dahingehend durchforstet und sah mich wie meistens vor die Qual der Wahl gestellt. Irgendwann stand fest, welche vierzehn Songs es sein sollten. Julian Dawson hat sich gemeinsam mit Steuart Smith Gedanken bezüglich der Arrangements gemacht, Studio, Flüge und Unterkunft wurden gebucht und ab die Post. Den einzigen neuen Song, sozusagen den Titelsong, hatte ich nach der »Lebenslänglich«-Tour in Goa geschrieben. Das älteste Lied war »Weißte noch?«, uraufgeführt während der »Vun drinne noh drusse«-Tour in Paderborn, zufällig am Tag, als Helmut Kohl zum Bundeskanzler gewählt wurde. Er kam, um 16 Jahre zu bleiben.

Ich war im Mai mit Tina und unserer Tochter Isis ein paar Tage früher nach New Orleans geflogen, weil wir uns schön »höösch« akklimatisieren wollten und, vor allen Dingen, weil uns schwante, dass wir ansonsten nicht allzu viel von dieser herrlichen Musikstadt mitkriegen würden. Unser Apartment für diese Aufwärmphase lag gegenüber vom French Quarter, im verwunschenen Stadtteil Algiers am rechten Ufer des Mississippi. Sozusagen auf der »Schäl Sick« von New Orleans. Wenn man in die City will, kostet das mit der Algiers/Canal Street Ferry pro Fußgänger zwei Dollar. Es sei denn, man ist Rentner, dann gibt's einen Dollar Ermäßigung. Zum ersten Mal in meinem Leben wurde mir hier tatsächlich Rentnerrabatt gewährt. Ich fand's super! In New Orleans kann man, wenn man nicht unbedingt in die Peripherie will, eigentlich alles zu Fuß oder mit der Straßenbahn erreichen. Eine Tram hat es übrigens sogar zu cineastischem Weltruhm gebracht: »A Streetcar Named Desire« (Endstation Sehnsucht) ist der Titel eines Dramas von Tennessee Williams, das von Elia Kazan mit Vivien Leigh und Marlon Brando in den Hauptrollen im Jahr meiner Geburt verfilmt wurde. Für Marlon Brando war Kazans Film der Durchbruch, und ich könnte mir auch gut vorstellen, dass der Titel von Dylans Album »Desire« von diesem Film inspiriert war. Mit Sicherheit weiß ich, dass unsere erste Tochter nach einem Song auf diesem Album benannt ist. Und wie es der Zufall wollte, trug ich unsere kleine Maikönigin, die am 1. Mai 1994 an einem Sonntag im Severinsklösterchen geboren wurde, am 5. Mai über die Türschwelle unseres Hauses in der Kölner Südstadt. Passend zur ersten Zeile ihres Liedes *I married Isis on the fifth day of May.*

Dreiundzwanzig Jahre später saßen wir dann spätabends zu dritt mit einer Flasche Wein in New Orleans auf der weißen Veranda unseres

Apartments. Die Grillen zirpten, und die Zeit schien stillzustehen, als mir ein Song in den Sinn kam, an den ich schon länger nicht mehr gedacht hatte: »Black Diamond Bay« vom »Desire«-Album. Dieses Lied hatte mich vor vielen Jahren auf Joseph Conrad aufmerksam gemacht, weil ich irgendwo gelesen hatte, dass Dylan sich hier beim Plot von dessen Roman »Sieg« bedient hatte. Also ging ich rein, holte mein iPad, wählte »Desire« an und drückte die Acht.

Up on the white veranda
She wears a necktie and a Panama hat …

Die weiße Veranda in New Orleans hat sich dann sogar noch auf das Bühnenbild der »Strooßekööter«-Tour ausgewirkt, denn die Geländer-Ornamente hat unser Tausendsassa Mario von einem Foto dieser Veranda übernommen und Stück für Stück eigenhändig ausgesägt.

Natürlich haben wir uns, wie alle Touristen, vor allem im French Quarter umgeschaut. Bob Dylan war auf den Spuren Kerouacs im Februar 1964 während des Mardi Gras mit drei Kumpels zum ersten Mal in New Orleans. Vor drei Monaten war John F. Kennedy ermordet worden, und den Civil Rights Act, mit dem die Rassentrennung aufgehoben wurde, hatte dessen Nachfolger Lyndon B. Johnson erst im Juli '64 unterschrieben. Die vier jungen Männer wollten ihren Augen nicht trauen, als sie hier die ersten Schilder »Nur für Weiße« gesehen hatten. Auf ihrer Rundreise, die noch bis nach Kalifornien geplant war (unterwegs sollten nur vier Konzerte gespielt werden), schrieb Bob »Ballad In Plain D«, ein weiteres Abschiedslied für Suze, gleichzeitig eine Abrechnung mit deren Schwester Carla Rotolo. Solche Lieder, deren Text man später bedauert, schreibt man mitunter, wenn man merkt, dass einem sämtliche Felle bereits weggeschwommen sind. Ich habe mein sarkastisches Lied »Anna« erst wieder live gespielt, nachdem ich das geschnallt hatte und den Text überarbeiten konnte. Das zweite Lied, das unterwegs auf dieser Reise entstand, ist dann allerdings ein Meisterwerk, nämlich »Chimes of Freedom«. Das Land ist im Umbruch, und er selbst hat sich vom Chronisten zum Poeten gewandelt, der glaubt, die Glockenspiele der Freiheit wahrzunehmen. Fast bergpredigtartig, eine empathische Hymne, die er wie erwähnt viele Jahre später bei der Amtseinführung Bill Clintons spielte.

Die Altstadtstraßen dieser von französischen Einwanderern gegründeten Stadt am Mississippi-Delta sind im Schachbrettmuster angeordnet. Einmal quer durch verläuft die Bourbon Street, mittlerweile leider zur Touristenmeile runtergekommen. Abends wähnt man sich hier am Ballermann. Da weicht man besser ins benachbarte Viertel Marigny aus, in die French Street, wo es reichlich Kneipen gibt, in denen man zum Teil großartige Livemusik geboten bekommt. Auf der Ecke Spain und Chartres Street haben wir übrigens zwei Wochen später das Coverfoto fürs »Familienalbum« aufgenommen, weil mich das pinkfarbene Eckhaus irgendwie an das Haus Severinstraße 1 erinnerte, in dem meine Eltern ihren Laden hatten. Unsere Sessions selbst liefen absolut stressfrei und harmonisch ab. Wenn wir Gastmusiker brauchten, konnten uns die netten Leute vom Esplanade-Studio weiterhelfen. Ich habe wiederholt gedacht, ich träumte, wenn ich im Kontrollraum saß und verfolgte, wie zum Beispiel die »New Orleans Horns« ihre Bläsersätze spielten. Das führte letztendlich dazu, dass wir auch die Tour zum Album nicht ohne real existierende Bläser spielen wollten. Seitdem tritt BAP zumeist in einer Neuner-Formation auf, einfach weil es tierisch Spaß macht.

So viel zum Mai in New Orleans. Ich spule in den Oktober vor. Inzwischen sind wir alle sechs wohlbehalten auf dem Louis Armstrong New Orleans International Airport angekommen, und anders als im Mai, als der Flughafen aus allen Nähten platzte, weil da Unmengen Menschen wegen des alljährlichen Jazz & Heritage Festivals angereist waren, geht's jetzt moderat zu. Außerdem ist es nicht mehr annähernd so schwül wie zuletzt, allerdings dauert die Hurricane Season noch bis Ende November, was wir dann auch prompt während unserer drei New-Orleans-Tage zu spüren bekommen, denn Hurricane Nate nimmt Kurs auf die Stadt. Ausgangssperre. Vom Balkon unseres hurricanesicheren Hotelzimmers aus filmt Tina in der Dämmerung den Ausblick in Richtung Hafen. Die Wolken rasen, die Stadt ist menschenleer, und ich bin hundemüde. Erfreulicherweise hat Nate sich dann doch entschieden, woanders an Land zu gehen. Wenn nicht, dann hätte ich ihn womöglich verschlafen. Hurricane Katrina war vor zwölf Jahren weniger nett. Die Dämme waren gebrochen, die Stadt wurde zu 80 Prozent überflutet, und über 1800 Menschen ertranken in den Fluten.

Als wir im Mai hier waren, haben wir es leider aus Zeigründen versäumt, uns mal einen Gig der Preservation Hall Jazz-Band anzuschauen, die allabendlich mindestens zweimal im Herz des French Quarters auftritt. Dabei hatten Dave Grohl und die Foo Fighters mich mit ihrer »Sonic Highways«-DVD doch eigentlich neugierig genug auf die Preservation Hall gemacht. Die Foo Fighters waren damals kreuz und quer durch die Vereinigten Straßen gereist und hatten mit den verschiedensten Musikern Songs in legendären Studios aufgenommen oder in geschichtsträchtigen Venues gespielt. Wichtig war ihnen dabei der Bezug zur jeweiligen Stadt. Die New-Orleans-Folge habe ich damals besonders abgefeiert, auch weil da lauter ältere Herren am Start waren, die nun wirklich nicht unter Berufsjugendlichkeits-Verdacht standen. Die Geschichte der Preservation Hall erzählt uns Ben Jaffe, dessen Eltern 1961 aus Philadelphia nach New Orleans kamen, um hier in der St. Peter Street ein altes kreolisches Herrenhaus zu kaufen, zu renovieren und zu einer Spielstätte des klassischen, traditionellen New Orleans Jazz zu machen. Sie wollten den schwarzen Musikern, die teilweise in Europa schon Legenden waren, in den USA damals aber immer noch nicht mit weißen Kollegen gemeinsam jammen durften, die Chance bieten, ein legales Leben zu führen. Denn obwohl die Sklaverei schon 1865 abgeschafft worden war, blieb die Rassentrennung noch fast 100 Jahre, bis 1964 bestehen. Ben Jaffe sagt, die Geschichte der Menschheit sei wie ein Pendel. Die Verantwortung der Künstler sei es, dieses Pendel in Bewegung zu halten. Nur so konnte beispielsweise aus der menschenverachtenden Sklaverei diese wunderbare, lebensfrohe Musik entstehen. Und die gelte es zu bewahren und zu beschützen.

Mit dem Musiker und Autor Ben Sandmel hat Christoph erneut einen fachkundigen Führer angeheuert. Wir treffen uns vor einem Waschsalon an der

Rampart Street, direkt gegenüber vom Louis Armstrong Park. In diesen Räumen wurde 1950 der erste Rock-'n'-Roll-Song aller Zeiten aufgenommen. Der Künstler hieß Fats Domino, das Lied »Fat Man« und das Studio »J&M Recording Studio«. Auch der erste Rock-'n'-Roll-Song, den ich wahrgenommen habe, wurde hier aufgenommen, und zwar von Little Richard: »Tutti Frutti«. Wir hatten als Kinder natürlich keine Ahnung, was das heißen sollte, aber es klang wild, und das war schon mal die halbe Miete. Wie schon so oft auf dieser Reise, wenn wir an geschichtsträchtigen Orten standen, konnte ich es eigentlich gar nicht fassen, dass ich das jetzt tatsächlich erleben durfte. Dasselbe gilt für ein Haus, das direkt die Ecke rum steht. Na gut, nicht für das Haus, das jetzt hier steht, sondern für eins, das hier mal stand und irgendwann abgebrannt ist: das Bordell namens »The Rising Sun«, von dem ich damals meiner Mutter zur Gitarre meines Bruders allabendlich dieses Lied vorgesungen habe, bis … na ja, ihr wisst schon. Ben Jaffe von der Preservation Hall hatte eben noch erzählt, dass es für schwarze Musiker früher keine Möglichkeiten gab, offiziell bzw. legal aufzutreten. Sandmel sagt, dass die einzigen Gigs, bei denen sie Geld verdienen konnten, in Hurenhäusern und geheimen Spielcasinos stattfanden. New Orleans als Hafenstadt hatte von beiden reichlich. Den Folksong »The House Of The Rising Sun« hatte Dylan sich mehr oder weniger von Dave Van Ronk »ausgeborgt«, das heißt dessen Version, und, ohne zu fragen, für sein Debütalbum aufgenommen. Drei Jahre später machten die Animals das Lied zu einem Welthit, was wiederum nicht unwesentlich dazu beitrug, dass Dylan vom Folk zum Rock konvertierte.

In der LaSalle Street, etwas außerhalb, jenseits des Pontchartrain Expressways, führt uns Sandmel zu einem weiteren musikhistorisch wertvollen Schauplatz, zum legendären »Dew Drop Inn«. Hier existierte schon, bevor Lyndon B. Johnson den Civil Rights Act signierte, ein Lokal, in dem Schwarze und Weiße sich trauten, gemeinsam zu feiern. In dieser Gegend stand nach Katrina alles sieben Meter tief unter Wasser, und so ist es wenig verwunderlich, dass sich das komplette Gebäude in einem abbruchreifen Zustand befindet. Eigentlich wollten wir gerade zurückfahren, als sich neben einer verrotteten Leuchtreklame ein Fenster öffnete und ein schwarzer alter Mann rief, dass hier mal Musikgeschichte geschrieben worden sei. Hier hätten sie alle gespielt, von Joe Turner bis Allen Toussaint. Sogar Ray Charles, James Brown und Sam Cooke, Otis Redding, Solomon Burke, Little Richard und Ike & Tina Turner waren hier am Start. Auch so eine Szene, die ich nie vergessen werde: der Alte im Fenster seiner Bruchbude, wir unten auf der Straße und ein Gespräch, das eigentlich Gegenstand einer abendfüllenden Reportage sein müsste. Titel: »Der letzte Mohikaner vom Dew Drop Inn/Last Man Standing«.

Okay, und was machen wir jetzt mit diesem angebrochenen Sonntagvormittag? Vielleicht fahren wir ja mal auf gut Glück entlang der Magazine Street nach Uptown und gucken uns diese Villa in der Soniat Street an, in der Dylan mithilfe von Daniel Lanois im Jahr des Mauerfalls das Album »Oh Mercy« aufgenommen hat? Gesagt, getan. Aber dass dabei auch wirklich etwas für unsere Dokumentation rausspringen würde, war nicht sehr wahrscheinlich. Ich kam mir jedenfalls wie der letzte Spanner vor, als wir schräg gegenüber einparkten und versuchten, möglichst unauffällig zu wirken, was in einer solchen Villengegend schon mal megaauffällig wirkt. Wir steigen also aus, lungern ein wenig rum, immer noch mit einem Scheißgefühl, da fragt Tina ein Mann im Jogginganzug, der gerade mit seinem Hund Gassi geht, ob wir irgendwas Bestimmtes suchen würden. Na ja, eigentlich hätten wir es schon gefunden, wären nur unschlüssig, weil wir nicht so richtig wüssten, wie's jetzt weitergehen soll. Und in dem Moment, als sie den Namen Dylan erwähnt, meint er: »Ach so, alles klar, ich weiß Bescheid, die haben ja damals dieses Album hier aufgenommen. No big deal, ich geh mal rüber und klingel bei Randy. Sind nette Leute, vielleicht lassen sie euch ja rein.« Und so geschieht es dann auch. Eigentlich eine Unverschämtheit, bei jemandem am Sonntagvormittag zu klingeln und zu fragen, ob man mal eben sein Wohnzimmer filmen dürfe. Ich frage mich gerade, wie meine Reaktion wohl ausfallen würde, wenn mich jemand um die Zeit beim sonntäglichen ARD-Presseclub stören würde, als uns die Dame des Hauses schon fröhlich reinwinkt: »You're welcome, no problem, come in!« Damit hatten wir nun wirklich nicht gerechnet. Wir wären schon happy gewesen, wenn sie uns erlaubt hätte, die Villa von der Straße aus zu filmen. Wir waren verblüfft. Nichts von dem, was in der nächsten halben Stunde passierte, war abgesprochen. Ich konnte nur darauf vertrauen, dass Alex und Daniel ihre Geräte parat haben, um First-Take-mäßig alles mitzunehmen. So ist das also, wenn man bei einer Familie ins Privatleben einbricht. Die beiden Teenager-Töchter lungern auf dem Sofa rum, der Sohn schmiert sich in der Wohnküche ein Brot, und nach ein paar Minuten kommt auch Randy Smith, der Hausherr, in Shorts und ungekämmt die Treppe runter. Ich denke, spätestens jetzt kommt das Donnerwetter, aber nix da. Völlig entspannt plaudert er mit uns über das Album, das in seinem Haus entstanden ist, als dieses noch nicht seins war. Alles, was er uns erzählt, hat er von den Nachbarn erfahren, denn die Session liegt immerhin fast dreißig Jahre zurück. Mir als jemand, dem jeder Ton auf diesem Album vertraut ist, kommt es trotzdem so vor, als wäre das Mundharmonika-Solo am Ende von »Shooting Star« gerade erst verklungen. Und wie so oft frage ich mich, wo auf der Tracklist die Songs »Dignity« und »Series of Dreams« wohl aufgetaucht wären, wenn Künstler und Produzent sich bezüglich der Arrangements nicht dermaßen in die Wolle gekriegt hätten, sodass diese Songs schließlich gar nicht aufs Album kamen. Sehr schade. Irgendjemand hat mir mal erzählt, dass »Series of Dreams« ursprünglich sogar als Opener gedacht war. Das kann aber wohl kaum der Grund dafür gewesen sein, dass Dylan nach dem Erfolg von »Oh Mercy« acht Jahre verstreichen ließ, bis er sich endlich wieder zu einer Zusammenarbeit mit Daniel Lanois durchringen konnte. Wir hätten Daniel 2001 mit Kusshand genommen. Wim meinte, wir sollten ihn unbedingt fragen, ob er nicht unser Album »Aff un zo« produzieren wolle. Er würde ein gutes Wort für uns einlegen. Okay, Demo hingeschickt, die Antwort kam relativ flott, nur leider als Absage. Er schrieb, Mick Jagger hätte er auch einen Korb geben müssen, weil er gerade so lange mit U2 im Studio gewesen wäre, und jetzt müsse er endlich mal wieder was Eigenes machen. Aber er habe unsere Demos gehört und gebe uns einen Tipp: Don't swing so wide, stylistically. Den Spruch haben wir dann auf ein Laken gemalt und in der Villa Ca'n Franc in Cala Sant Vicenç auf Mallorca, wo wir dann schließlich halbwegs Lanois-mäßig das Album aufgenommen haben, als Reminder an die Wand genagelt.

Bis zu unserem Abendtermin haben wir noch zwei Stunden Zeit, um atmosphärische Stadtbilder einzufangen. Was liegt da näher, als zunächst mal zum Lafayette Cemetery No. 1, einem der großartigsten Friedhöfe der Stadt, zu fahren, die Dylan in »Chronicles« beschreibt: ... *Sie sind eine kalte Mahnung und gehören zum Besten, was die Stadt zu bieten hat ... Die Vergangenheit verblasst hier nicht so schnell (...) Viele Orte haben ihre Magie eingebüßt, wenn man sie wieder aufsucht – nicht so New Orleans.* Dass ich zuletzt auf einem vergleichbaren Friedhof war, ist zehn Jahre her, und zwar in Buenos Aires, auf dem »La Recoleta«. Auch dort gibt es ausschließlich überirdische Mausoleen, was hier aber vor allem daran liegt, dass es sich um einen Friedhof der Oberschicht handelt, denn eine protzige Grabstätte funktioniert sogar nach dem Ableben noch als Statussymbol. In New Orleans gibt es einen deutlich prosaischeren Grund für oberirdische Gräber: Durch den hohen Grundwasserspiegel gab es durch im Wasser schwimmende Leichen um 1830 eine Serie von Seuchen, bis die Stadtverwaltung anordnete, künftig innerhalb des besiedelten Stadtgebietes nur noch oberirdisch zu bestatten. Auf dem St. Louis Cemetery No. 1 in der Nähe des French Quarters wurden die Acid-Trip-Szenen für den Film »Easy Rider« gedreht, in denen die beiden Biker dem Mardi-Gras-Trubel entfliehen, gemeinsam mit zwei Prostituierten LSD schlucken und mit Rotwein nachspülen. Alles, was in New Orleans damals gedreht wurde, war improvisiert. Drehgenehmigungen wurden gar nicht erst beantragt. Überhaupt wurde jede Menge aus der Hüfte geregelt. Bob war damals angefragt, den Titelsong zu schreiben, hatte aber während seiner Woodstock-Phase kein Interesse an so was. Stattdessen gab er Peter Fonda einen Zettel mit einem flüchtig hingekritzelten Vierzeiler und sagte: »Gib das Roger McGuinn, der weiß schon, was er damit machen soll.«

The river flows, it flows to the sea
Wherever that river goes, that's where I want to be

Flow, river flow, let your waters wash down
Take me from this road to some other town

Roger McGuinn hat Bobs Steilvorlage hervorragend für die Schlussszene genutzt, nachdem er zunächst Dylans »It's Alright, Ma« gecovert hat, bis zu der Szene, wo ein Redneck beide Biker auf der Landstraße neben einem Damm erschießt. Dann hebt die Kamera ab, steigt immer höher, man sieht die Bayous und schließlich den mächtigen Mississippi aus der Vogelperspektive, während der Abspann anläuft und »The Ballad of Easy Rider« erklingt. »Flow river flow …«, definitiv kein Happy End. Und ganz nebenbei: Aus dem eben zitierten Vierzeiler hat sich wenig später Bob Dylans Song »Watching The River Flow« entwickelt, der nicht unwesentlich dazu beigetragen hat, dass unser aktuelles Album den Titel »Alles fließt« erhielt.

Unser Termin am frühen Abend findet im Lower Ninth Ward, dem Bezirk, der am meisten unter Katrina gelitten hat, statt. Von hier aus ist es nicht mehr weit bis zu den Fluttoren und Dämmen, die New Orleans eigentlich vor Überschwemmungen schützen sollen. Wir haben uns mit den Leuten vom Gospelchor Joyful verabredet. Es ist eine nach wie vor gepflegte Tradition, dass sich die Nachfahren ehemaliger Sklaven treffen, um religiöse Lieder zu singen.

Unerwarteterweise hatte Bob Dylan, der ja als Jude geboren wurde, ab 1979 hintereinander, jeweils im Abstand von einem Jahr, drei religiöse Alben rausgebracht, von denen das mittlere mit dem Titel »Saved« am eindeutigsten als Gospel-Album zu bezeichnen ist. Es muss eine Art Erweckungserlebnis gegeben haben, jedenfalls kündigte er bei einem Konzert in Syracuse am 22. September '78, also kurz nachdem er zum ersten Mal in Deutschland gespielt hatte, an, dass er zum Christentum konvertiert und der Vineyard Fellowship beigetreten sei. Davon hatten wir bei uns zu Hause allerdings nichts mitbekommen. Heutzutage würde eine solche Meldung im Internet sofort weltweite Verbreitung finden. Bis auf »Live at Budokan«, das im darauffolgenden Sommer erschien, habe ich erst wieder was von Dylan mitgekriegt, als ich ein Jahr später, am 10. September '79, mit Agnette auf der Rückreise aus Griechenland das »Slow Train

Coming«-Album in einem Plattenladen in Florenz entdeckte. Merkwürdigerweise liefen Unmengen Patti-Smith-Lookalike-Teenies durch die Stadt der Medici. Alle im übergroßen weißen Herrenoberhemd mit Anzugsweste drüber und der Frisur vom »Wave«-Cover. Was war denn da los? Ganz einfach, Patti Smith spielte am Abend im Stadio Comunale. Hätte ich damals gewusst, dass es sich um ihr vorläufiges Abschiedskonzert handelte, hätte ich alle Hebel in Bewegung gesetzt, um ins Stadion zu kommen. Erst 1988 hat sie (»weil ich Geld verdienen musste«) ihre Karriere mit dem Album »Dream Of Life« fortgesetzt. Aber wie gesagt: Es gab noch kein Internet. Gekauft habe ich mir »Slow Train« erst fünf Tage später in Köln, weil ich es sowieso unterwegs nicht hätte hören können. Ich weiß das alles noch so genau, weil Schmal und ich damals unsere sogenannten »Tagesbilder« malten und wir uns Notizen darüber gemacht haben, wieso wir an welchem Tag welches Sujet für unsere Bilder ausgewählt haben. Zitat 15. September: »Kaufe mir die neue Dylan-LP ›Slow Train Coming‹, die ich schon in Florenz gesehen hatte. Stelle fest, dass die Platte voller Religionssymbolik steckt. Die kochende Indianerfrau vom Cover hält mein Tagesbild aus Florenz in den Händen.«

Kein Jahr später schon das nächste Album. Diesmal mit einem furchterregenden Cover, das so aussah, als sei es dem Traktatenstand einer Sekte entnommen. Manchmal glaube ich, er wäre besser mit dieser Trilogie durchgekommen, wenn er sich darauf beschränkt hätte, bei seinen Konzerten nur die Songs zu spielen und auf Predigten zu verzichten, denn die Musik war tadellos, wenn auch nicht jedermanns Geschmack. Und was das Cover von »Saved« betrifft, hätte ich ihm dringend dazu geraten, noch mal geistig um den Block zu gehen. Wenn ich heute seine Reborn-Phase Revue passieren lasse, muss ich oft an den Who-Song »The Seeker« aus dem Jahr 1971 denken, in dem Bob sogar namentlich erwähnt wird: *I asked Bobby Dylan/I asked the Beatles/I asked Timothy Leary/But he couldn't help me either/They call me the seeker* … Dylan in der Rolle von jemandem, der dem suchenden Pete Townshend auch nicht weiterhelfen kann, weil er sich auf derselben Suche befindet.

Am 17. Juli '81 habe ich dann mein zweites von

mittlerweile über zwanzig Dylan-Konzerten gesehen. Kurz nachdem wir »für usszeschnigge« aufgenommen hatten, war ich über die A61 nach St. Goar gefahren, mit der Autofähre übergesetzt und schließlich hoch auf die Loreley gepilgert, wo Dylan mit einer großartig besetzten Band einen respektablen Gig ablieferte. Aber umgehauen hatte er mich ehrlich gesagt nicht. Aus der Las-Vegas-Band, mit der ich ihn drei Jahre vorher in Dortmund gesehen hatte, war eine Gospeltruppe geworden. So what? Es sollten in den kommenden vier Jahrzehnten noch so manche Haken geschlagen werden.

Mit den Leuten von Joyful hatten wir verabredet, einen Dylan-Song aus der Basement-Tapes-Phase zu spielen: »I Shall Be Released«, ein Lied, das ich zuletzt in einem Lepra-Hospital in Uganda gespielt habe, nachdem ein Chor von schrecklich verstümmelten Insassen mir ein Begrüßungsständchen gesungen hatte. Ich werde nie diese alte italienische Nonne vergessen, mit der ich mich danach über die Aids-Politik des Vatikans unterhalten hatte. Sie sagte abschließend: »You know the pope is in Rome, but we are in Afrika!« Ich hätte sie küssen können.

Es ist ein nur schwer zu beschreibendes Gefühl, mit gebeutelten Menschen in ihrer Umgebung zu stehen und den Anspruch zu erheben, mit ihnen musizieren zu wollen. Gott sei Dank lassen sie mich das nicht spüren. Im Gegenteil, sie geben mir das Gefühl, willkommen zu sein, und erzählen von der Hoffnung, die sie aus ihrem Glauben und ihrer Musik ziehen. Auf die Frage, ob Gospelsongs auch politisch seien, gibt's die Antwort: »Klar, Gospel hilft uns zu überleben«, und der Chorleiter erzählt, dass manche Songtexte zu Zeiten der Sklaverei auch so was wie Geheimcodes waren, die beim Überleben halfen. Die Leute hier sind tiefgläubig, und es ist wohl kein Zufall, dass die Kirchendichte nirgendwo in New Orleans so groß ist wie im Lower Ninth Ward. »I Shall Be Released« scheint mir ein Lied zu sein, das man nur zu ganz besonderen Anlässen mal rausholen sollte, wie damals in Uganda und diesmal im Lower Ninth Ward. Eigentlich überflüssig zu erwähnen, wie großartig die drei Ladys gesungen und mit welcher Inbrunst sie den Song interpretiert haben. Nur der Vollständigkeit halber: Es war sensationell.

Und dann gibt es noch einen Programmpunkt,

den wir uns für den letzten Tag aufgehoben haben. Ich will unbedingt dahin, wo der Protagonist aus »Tangled Up In Blue« in der dritten Strophe »zufällig einen Job kriegte und für eine Weile auf einem Fischerboot außerhalb von Delacroix arbeitete«. Dieses unüberschaubare Krabbenfischer-Inselgewirr liegt weit jenseits der Fluttore. Die Häuser stehen auf riesigen Stelzen, was aber bei Hurricane Katrina auch nichts mehr genutzt hat. Hier war alles platt. Wir passieren die gespenstischen Albtraum-Landschaften, die Katrina zurückgelassen hat, aber sobald wir da sind, wo die Krabbenfischer leben, denkt man, jeden Moment käme Forrest Gump mit Lieutenant Dan um die Ecke, und alles würde auf ein schräges Happy End rauslaufen. Das hier ist eindeutig eine Welt für sich. Wir fahren bis zu einer Stelle, die sozusagen die Mutter aller Sackgassen ist. Ein Schild verkündet: End of the World/Delacroix LA. In der Dämmerung wollen wir auf einem Bootssteg vor den Stelzenhäusern mein Lieblingslied vom »Oh Mercy«-Album aufnehmen: »The Man In The Long Black Coat«, das Dylan erst während den Sessions geschrieben hatte, nachdem er mit seiner Frau von einem Motorrad-

Trip durch die Bayous zurückgekommen war, wie er in »Chronicles« schreibt. Hier gibt es sogar noch eine weitere Information über den Text, wie man sie normalerweise von Dylan nicht erwartet. Ich zitiere: *Der Text will von jemandem erzählen, dem sein eigener Körper nicht gehört, von jemandem, der das Leben geliebt hat, aber nicht mehr weiterleben kann, und es nagt an seiner Seele, dass andere leben dürfen.*

Kaum dass wir damit anfangen, den Dreh einzurichten, Kamerapositionen festzulegen, Mikrofone einzustellen, den Sound meiner Gitarre und meiner Stimme zu checken, steht plötzlich ein erzürnter Mann in Shorts und volltätowierten Armen und Oberkörper auf der Veranda seines Stelzenhauses und brüllt, wir sollten uns verpissen. Das war mal eindeutig Klartext, was aber die Mutter meiner Töchter nicht großartig beeindrucken konnte. Ich weiß aus eigener Erfahrung, dass sie hervorragend mit schlecht gelaunten Grantlern umgehen kann, besser jedenfalls als mit schleimenden Softies. Ich sehe von meinem Bootssteg aus nur, wie sie in Richtung Stelzenhaus geht und über eine Distanz von mindestens acht Metern mit dem Kerl redet. Was meine Frau ihm erzählt hat, weiß ich bis heute nicht, jedenfalls war das Resultat, dass ein völlig aufgeräumter Krabbenfischer mit sieben Flaschen Bier bewaffnet die Treppe runterstieg und uns in Delacroix willkommen hieß. Allgemeine Verblüffung.

Ich weiß auch nicht mehr, wie er die Flaschen aufgemacht hat, vermutlich mit den Zähnen, jedenfalls wurde es plötzlich urgemütlich. Er erzählte von seinem Leben hier draußen, von seinem Beruf und dass er sein Leben lang nur einmal auf der anderen Seite der Fluttore gewesen sei, nämlich als Katrina zu Besuch kam. Da hätte man ihn und seine Leute zwangsevakuiert. »Gott sei Dank«, sagt er. Dann läuft er hoch in sein Haus und kommt mit einem Fotoalbum zurück, in dem auch Fotos eingeklebt sind, die mehr als tausend Worte beschreiben, was er hier nach Katrina vorgefunden hat. Da, wo vorher sein Haus stand, standen nur noch Stelzen, alles andere hatte der Hurrikan mitgenommen. Das Erstaunliche ist, dass der Mann sich überhaupt nicht beschwert. Kein Gequengel darüber, wie schwer er es habe, im Gegenteil. Er sagt, dass er sehr glücklich mit seinem Leben sei, solange man ihn tun lässt, was er am liebsten tut: Krabben fischen. Was anderes könne er ohnehin nicht.

Und dann erzählt er noch, dass schon mal ein Musiker mit einem Wohnmobil hier gewesen sei, weiter hinten, beim Schild, wo's nicht mehr weitergeht. Der hätte ihn eingeladen, mit ihm einen Joint zu rauchen. Netter Kerl, aber er könne sich beim besten Willen nicht mehr an seinen Namen erinnern. Und wie er das sagt, dreht er sich rum, sieht seine Frau auf der Veranda und ruft: »Honey, sag mal, weißt du noch, wie der Typ mit dem Camper hieß, mit dem ich damals den Joint geraucht hab?« »Na klar, Paul McCartney!« …

Die Sonne geht unter, die Zikaden stimmen ihr allabendliches Balzlied an, ich stimme noch mal schnell meine Gitarre nach, und auf einmal fügt sich alles so zusammen, als hätte ganz oben jemand an den Strippen gezogen, der mir sehr wohlgesonnen ist.

Crickets are chirpin' the water is high
There's a soft cotton dress on the line hangin' dry
Window wide open African trees
Bent over backwards from a hurricane breeze

SAN FRANCISCO

Sechseinhalb Stunden Flugzeit von New Orleans, vom Golf von Mexiko über Texas, New Mexico und Arizona nach San Francisco in Kalifornien. Einmal quer über die Vereinigten Staaten von Amerika. Genug Zeit, darüber nachzudenken, ob ich den Flughafen von Frisco wohl noch wiedererkennen würde. Im Oktober 2011 waren mein Freund Manfred Hell, sein Sohn Flavio und ich hier in den Flieger nach Las Vegas umgestiegen, wo ein Wohnmobil auf uns wartete, mit dem wir uns auf eine Rundreise durch verschiedene Nationalparks aufmachen wollten. Dieser Trip stand insgesamt unter keinem guten Stern, was schließlich dazu führte, dass wir ihn vorzeitig abbrechen mussten. Vor allem die defekte Klimaanlage des völlig überdimensionierten Wohnmobils, das fast so groß wie ein KVB-Bus war und dementsprechend schwer zu lenken, stellte uns vor kaum zu bewältigende Probleme.

Entweder sie lief volle Kanne oder gar nicht. Vor allem in der Wüste, wo die Nächte im Oktober schon bitterkalt und die Tage immer noch brüllend heiß sind, hat man mit einer Air-Con, die man nicht stufenweise regulieren kann, extrem schlechte Karten. Man steht vor der Entscheidung, ob man durch den Death-Valley-Nationalpark im Durchzug mit offenen Fenstern oder tiefgekühlt mit eingeschalteter Klimaanlage kutschieren will. Beide Varianten führten nur zu suboptimalen Ergebnissen, und wenn wir uns abends in irgendeinem RV-Park (Recreational Vehicle Park) auf die Nacht vorbereiten wollten, hieß es: »Machen wir jetzt die Heizung an oder nicht? Kühlschrank oder Sauna?« Was schließlich dazu führte, dass ich mir einen fürchterlichen Husten eingefangen habe. Auf den Gedanken, mir Hustensaft oder lindernde Medizin zu kaufen, bin ich natürlich nicht gekommen. Typisches Macho-Verhalten: Einen richtigen Mann wird doch kein alberner Husten aus der Bahn werfen! Doch, nämlich dann, wenn sich durch die ständige Belastung eine Wunde in der Halsschlagader bildet, aus dieser ein Blutgerinnsel ins Gehirn hochsteigt, dort eine Embolie verursacht und so einen Schlaganfall auslöst. Ich kann von Glück sagen, dass mich der Schlag erst zwei Tage nach meiner Rückkehr in Köln getroffen hat und nicht auf den beiden Flügen von Las Vegas über Chicago nach Frankfurt. So habe ich ihn dank der Geistesgegenwart meiner Frau überlebt. Auf einem Langstreckenflug hätte ich wohl kaum eine Überlebenschance gehabt.

Ich weiß noch, dass ich es damals jammerschade fand, dass wir keinen Zwischenstopp in Frisco eingeplant hatten und stattdessen direkt ins nur mit sehr viel Humor zu ertragende Las Vegas weitergeflogen sind. Aber es ging halt um die Nationalparks. Leider setzte sich unsere Reise in diesem ungewohntem Stil fort, denn dadurch, dass man mit diesem riesigen Gefährt nur außerhalb von Ortschaften in dafür vorgesehenen RV-Parks übernachten durfte, haben wir ab Las Vegas keine einzige Stadt mehr von innen gesehen. Aber letztendlich war es meine Schuld. Mir hätte klar sein müssen, dass ein Trip mit einem 11-jährigen Jungen anders ablaufen würde als meine gemeinsamen Reisen mit Hellmän durch Marokko, Kuba und Patagonien, an die ich immer noch sehr gerne zurückdenke. Ich hätte die beiden einfach alleine auf ihren Vater/Sohn-Trip ziehen lassen sollen, und alles wäre okay gewesen. Hätte, hätte, Fahrradkette.

Wiedererkannt habe ich den San Francisco International Airport allerdings nicht. Wie auch, denn wir hatten uns damals ja nur im Transit-Bereich aufgehalten. Der Anflug findet diesmal noch im Hellen statt, und ich verspüre eine gewisse Vorfreude auf diese Stadt, die ich aus massenhaft Filmen zu kennen glaube. Nicht, dass ich erwarte, Clint Eastwood über den Weg zu laufen, aber einen Blick auf die Golden Gate Bridge und die Gefängnisinsel Alcatraz sollte schon drin sein. Leider dauert es ziemlich lange, bis wir endlich unser Equipment im Van verstauen können, um uns dann auf den Weg ins Adante Hotel in der Geary Street zu machen. Kaum haben wir unser Parkhaus verlassen, bemerken wir den Rauch, der über der gesamten Bay liegt. Hätten wir ihn nicht gerochen, hätten wir ihn für Nebel gehalten, aber so ist uns unmittelbar klar, wie nah die Waldbrände in den Weinanbaugebieten Napa und Sonoma Valley schon an die Stadt herangerückt sind. Es ist unüberriechbar, dass da etwas nicht in Ordnung ist. Auch die Unmengen von Obdachlosen, die gerade dabei sind, auf den breiten Bürgersteigen für die Nacht »Platte« zu machen, finden wir seltsam bis beunruhigend. Wir haben zwar mitbekommen, dass San Francisco durch den Tech-Boom in den letzten zwei Jahrzehnten extrem reich geworden ist und deshalb Hobos in Massen angezogen hat, aber mit diesem Ausmaß hatte keiner von uns gerechnet. Natürlich kommt mir prompt ein Song von Rod Stewarts Album »Gasoline Alley« in den Sinn, der – wie sollte es auch anders sein – eigentlich ein früher Dylan-Song ist, den er 1963 für sein drittes Album »Another Side« aufgenommen, dann aber doch nicht darauf veröffentlicht hat. Rod Stewart war über den Verlag Witmark & Sons an »Only A Hobo« gekommen und hatte ihn für sein zweites Soloalbum mit dermaßen viel Empathie eingesungen, dass diese Coverversion wohl auch in Zukunft die ultimative Fassung bleiben wird:

A blanket of newspaper covered his head
As the curb was his pillow and the street
*   was his bed*
One look at his face showed the hard road
*   he'd come*
And a fistful of coins showed the money
*   he bummed*

Hannes meint, wenn sich irgendwo hier in San Francisco eine Möglichkeit ergäbe, wäre es sinnvoll, dass ich für alle Fälle auch dieses Lied für unsere Doku spiele. Mir soll's recht sein, hab ich drauf. Wenn ich mich recht entsinne, hat mir »Only A Hobo« sogar beim Schreiben von »Jupp«, was die Atmosphäre des Songs betrifft, zur Seite gestanden. Auf die Idee für »Jupp« war ich gekommen, als ich eines morgens im Winter '80/'81 als einziger Gast mit meinem damaligen Hund, Blondie, zum Frühstück im Chlodwig Eck saß, bis ein bärtiger Kerl reinkam, offensichtlich aus dem be-

nachbarten Männer-Übernachtungsheim »Johanneshaus«, mich und meinen Hund musterte und
dann den alles entscheidenden Satz sprach: »Der
Schäferhund ist der beste Freund des Mannes. Mir
hat mal einer in Alaska das Leben gerettet.« Okay,
habe ich gedacht, Blondie ist zwar höchstens ein
Bonsai-Schäferhund und, um ganz ehrlich zu sein,
doch eher ein reinrassiger Straßenköter, doch das,
was der Typ aus dem Johanneshaus da eben gesagt
hat, ist mir ein Frühstück wert. »Clemens, dämm
Mann sing Fröhstöck jeht op minge Deckel!«, hab
ich in Richtung Theke gerufen, meinen Kaffee aus-
getrunken und bin schnurstracks nach Hause gegangen. Mittags war »Jupp« fertig.

Jupp verzällt vum Joldrausch
un wie e' Twist jedanz hätt, met' ner Kobra,
vun 'nem karierte Zebra,
'ner blonde Fee uss Peking, namens Lola.
Nur vun Stalingrad verzällt e' nie.
Wo litt dann Stalingrad? Enn welchem Land
     ess dat?
Stalingrad pack e' nie, irjendwie.

Die Nacht im Adante Hotel ist leider alles andere als geruhsam. Ständiges Türenschlagen, laute Stimmen im Treppenhaus und winzige Zimmer, in denen man mit Ach und Krach sich selbst und sein Gepäck unterbringen kann. Sobald man allerdings einen Koffer öffnet, wird es schon problematisch. Aber wenigstens ist das Bett groß genug für zwei Menschen, die sich ausreichend lieb haben. Bingo!

Entsprechend gerädert nehmen wir am nächsten Morgen, quasi im Vorbeistehen, ein weiteres trostloses Frühstück ein und machen uns auf den Weg zur Kreuzung Broadway und Columbus Avenue, im Grenzbereich von North Beach und Chinatown. Hier hatte Lawrence Ferlinghetti 1953 »City Lights Booksellers & Publishers« gegründet und die ersten Arbeiten der Beat-Poeten veröffentlicht. Schräg gegenüber sind wir mit Jerry Cimino, dem Direktor des »Beat-Museums«, verabredet, einem ebenso angenehmen wie kompetenten Fachmann, der uns eine Privatführung durch die momentan laufende Ausstellung »Sixty Years ON THE ROAD 1957–2017« zuteilwerden lässt. Unfassbar, es ist also tatsächlich schon wieder zehn Jahre her, dass ich für unser »Radio Pandora«-Album zum vierzigsten Jubiläum von »On The Road« meine Kerouac-Hommage »Wat für e' Booch!« geschrieben habe. Auf der Tour zum Album haben wir den Song als Opener gespielt, und zwar nach einem Intro, in dem Christian Brückner (u. a. der deutsche Synchronsprecher von Robert De Niro) den letzten, ewig langen Satz von »Unterwegs« zu den Klängen von Miles Davis' »Blue In Green« gelesen hat:

Und wenn in Amerika die Sonne untergeht und ich auf dem alten, verrotteten Pier am Fluss sitze und den weiten, weiten Himmel über New Jersey betrachte, (…) dann denke ich auch an Old Dean Moriarty, den Vater, den wir nie gefunden haben, dann denke ich an Dean Moriarty.

Jerry Cimino behauptet, dass Bob Dylan ohne die Beats nie zu einem Literaten von Weltruhm geworden wäre. Das mag sein, aber das ist natürlich nur eine These, die schwer zu beweisen ist. Selbstverständlich war der Einfluss Kerouacs bedeutend und half ihm vor allem aus der Folk-Ecke heraus. Und dass Allen Ginsberg Mitte der 60er zu Dylans Mentor wurde, war mit Sicherheit ebenso hilfreich. Ginsberg sagte, er hätte geweint, als er zum ersten Mal »A Hard Rain's A-Gonna Fall« gehört habe. Er habe sich von dem jungen Kerl verstanden gefühlt und unmittelbar gemerkt, dass Dylan den Staffel-stab übernommen hatte. Keith Richards wurde einmal gefragt, was auf seinem Grabstein stehen solle. »He passed it on«, hat er geantwortet. Unge-fähr so hatte Ginsberg das wohl auch gemeint. Ci-mino erzählt von der heutzutage kaum noch nach-vollziehbaren Anklage und dem Prozess, in dem sich Lawrence Ferlinghetti 1957 wegen Obszönitä-ten in Ginsbergs Gedichtband »Howl And Other Poems« zu verantworten hatte. »Howl« gilt ganz offensichtlich als Vorbild von »Hard Rain«:

I saw the best minds of my generation
destroyed by madness, starving hysterical naked,
dragging themselves through the negro streets
at dawn looking for an angry fix

Eigentlich muss unser Museumsdirektor mich persönlich nicht unbedingt auf die Bedeutung der Beats für die gesamte kulturelle Entwicklung seit den Fünfzigerjahren aufmerksam machen. Das hatte ich längst begriffen. Er sagt, sie hätten dabei geholfen, aus der Strenge und Prüderie dieser Jahre auszubrechen und somit die Grundlagen für Rassengleichheit, gleiche Rechte für Schwule und Lesben und den Kampf gegen den Klimawandel gelegt. Die Jungs hätten in einem Maße aufrichtig, ungekünstelt, unverklemmt und authentisch geschrieben, wie man das bis dahin noch nicht gekannt habe. Aber auch sie standen auf den Schultern von Giganten. Kerouac zu Anfang beispielsweise auf denen von Walt Whitman, Faulkner und Steinbeck. Und wieder wird mir bewusst, welches Privileg es für mich war, meine Kindheit in den 50ern und meine Jugend in den 60ern im freien Teil der Welt verbracht zu haben. Ich wurde sechs Jahre nach der menschengemachten Katastrophe des Zweiten Weltkriegs geboren und bin in einem Wirtschaftswunderland aufgewachsen. Erst nach und nach war mir damals klar geworden, dass es da wohl noch einiges aufzuarbeiten gab. Nicht zuletzt dadurch, dass sich durch Bands wie die Beatles, die Rolling Stones, die Kinks und einigen mehr so etwas wie eine Gegenkultur zum spießigen Mainstream entwickelt hatte. All diese Bands wurden ab Mitte der 60er von Bob Dylan beeinflusst. Bruce Springsteen hat in seiner Laudatio, als Dylan 1988 in die Rock-'n'-Roll Hall of Fame aufgenommen wurde, sinngemäß gesagt, dass Elvis unsere Körper befreit hätte, aber Dylan unseren Geist.

Jetzt, wo ich über diese Zeit schreibe, muss ich an die ersten Zeilen meines Liedes »Nie met Aljebra« denken, an den längsten Songtext, den ich je geschrieben habe. Im Sommer 1984 hatten wir mitten in der schier endlosen »Salzjebäck un Bier«-Tour eine Verschnaufpause eingeplant, und so ergab sich die Gelegenheit, mich mit meinen Lieben auf die griechische Insel Patmos zu verziehen. Dahin, wo zur Zeit der frühen Christenverfolgungen der Evangelist Johannes die Offenbarung, die Apokalypse, das Buch mit den sieben Siegeln geschrieben hatte. Es war mein erster Urlaub mit eigener Familie. Severin war erst im vergangenen November geboren, und mir war klar, dass unsere Reisen ab jetzt unter stark veränderten Bedingungen ablaufen würden. Zum allerersten Mal hatten wir schon von zu Hause aus eine kleine Ferienwohnung angemietet. Die Zeiten, in denen wir auf gut Glück losgefahren waren und meistens irgendwo am Strand geschlafen haben, waren wohl vorbei. Ich bin allerdings alleine, wie gewohnt mit unserem Hund, den kompletten italienischen Stiefel bis in die Hafenstadt Brindisi runtergebrettert, um von dort aus nach Igoumenitsa überzusetzen, weiter nach Piräus zu fahren und schließlich die Fähre nach Patmos zu nehmen. Carmen war mit dem kleinen Mann, dem wir einen dermaßen langen Trip mit dem Auto nicht zumuten wollten, vorgeflogen. Ich habe diese langen Fahrten mit Hundebegleitung immer sehr genossen. Blondie war dann Dean Moriarty aus »On The Road« und ich Sal Paradise, Kerouacs Alter Ego. Ich konnte meinen Gedanken nachhängen, Kassetten hören, Ideen notieren und war vor allem nicht verpflichtet, Konversation zu betreiben. Nach all diesen Tourmonaten, in denen Band und Crew aufeinander gehockt hatten, brauchte wohl jeder von uns seine Auszeit, zumal sich die ersten Risse im Bandgefüge bemerkbar machten, denn »Salzgebäck« war in kommerzieller Hinsicht nicht ganz so erfolgreich wie seine beiden Vorgänger. Letztlich sollte das zu einem Dauerthema werden.

Die ersten Tage in dem kleinen Ort Grikos waren ungewohnt. Meistens bin ich mit Severin im Tragetuch und »The Freewheelin' Blondie« am Strand spazieren gegangen und habe Stöcke aufgesammelt, mit denen die Fischer Lackfarben umrührten, um damit ihre Boote in den verwegensten Farbkombinationen anzumalen. Als ich genug davon beisammenhatte, hab ich sie noch vor Ort zu einer Materialcollage mit dem Titel »Souvenirs« verarbeitet. Natürlich hab ich auch über neue Songs nachgedacht, allerdings mit megaschlechtem Gewissen, denn eigentlich wollte ich mich ja ausschließlich meiner kleinen Familie widmen. Aber irgendwie kam ich nicht wirklich zur Ruhe. Ich konnte einfach nicht abschalten. Es war, als müsste ich mir ständig beweisen, dass ich nicht die Absicht hatte, als Otto Normalverbraucher zu enden.

Dass ich immer noch, wenn auch im Spagat, meine Leute als Troubadour mit selbst geschriebenen Liedern ernähren konnte. Dass ich niemandem Rechenschaft schuldig war und nur meine eigenen künstlerischen Kriterien galten. Es war allerdings nicht ganz einfach, das mit meiner neuen Familiensituation unter einen Hut zu bringen. So habe ich in diesen Wochen entgegen sämtlichen Vorsätzen pausenlos an irgendwelchen Texten gearbeitet. Auf Dauer konnte das nicht gut gehen.

Für »Nie met Aljebra« wollte mir einfach keine Musik einfallen, aber da ich auf der Hinfahrt unter anderem wiederholt Dylans »Blonde On Blonde«-Album gehört hatte, habe ich mir kurzerhand das Versmaß und die Akkordfolge von »Sad Eyed Lady Of The Lowlands« ausgeborgt, um auf diesem provisorischen Gerüst die Geschichte meiner ersten drei Jahrzehnte in Reime zu fassen. Zurück in Köln konnte ja schließlich immer noch einer meiner damaligen Bandkollegen seine eigene Musik dazu beisteuern. Insgesamt eine merkwürdige Erfahrung, denn nach den ersten Zeilen entwickelte sich so was wie ein Sog. Es gab einfach kein Zurück mehr:

Nohdämm ding Nabelschnur jekapp woor,
em sechste Johr noh'm Kreech,
die Stadt zum jröößte Deil noch flach looch,
doch enn hoffnungsvollem Leech,
rinn enn e' Land, dat sich verstümmelt hatt
'ne Kontinent em Senn,
woodste jeboore, kleine Jüd,
dank Opas unehelichem Kind …

Die Zeilen flossen nur so aus mir heraus. Eine Zeile erzwang die nächste, ich konnte einfach nicht aufhören. Offensichtlich hatte sich da etwas angestaut, was rausmusste. Natürlich war mir klar, dass dieser Text mit seinen vier ausführlichen Strophen und den endlosen Refrains für einen BAP-Song viel zu lang geworden war. Aber ich hatte die leise Hoffnung, dass der Rest der Band ihn ähnlich begeistert aufnehmen würde wie »Kristallnaach« drei Jahre zuvor. Dem war leider nicht so, im Gegenteil, aber das wäre schon wieder eine weitere Geschichte. Diese hier endet mit den letzten Zeilen von »Nie met Aljebra«, dem Song, der drei Jahre später zum Herzstück meines ersten Soloalbums werden sollte.

Jetz schriefste Bilder, sings Jedichte,
Leeder mohlste dann un wann
övver ding Kindheit, dat donoh, vun jetz,
schließlich un endlich dann
vun dämm, wat op uns zokütt,
denks noh, wie mer do draan driehe kann,
un off erschrickste dich beim Rasiere:
»Dat Kind sieht uss wie 'ne Mann!«

Über das, was Museumsdirektor Cimino ganz am Schluss unserer kleinen Privatführung sagt, denke ich noch den ganzen Tag nach, denn es ist eigentlich zu schön, um wahr zu sein. Er meint, die junge Generation glaube an den Geist der Beat-Poeten und an die Werte der Hippies. Vor allen Dingen an Empathie. Wenn die Generation ihrer Väter gestorben sei, sagt er, würden die Hippies doch noch gewinnen. »I hope so!«, sage ich, lache und denke daran, dass Donald Trump fünf Jahre jünger ist als Dylan, vier Jahre jünger als Paul McCartney, drei Jahre jünger als Keith Richards und Mick Jagger und zwei Jahre jünger als Ray Davies, denen ich allesamt ein möglichst langes Leben wünsche.

Das mit den Generationen ist so eine Sache, ich fürchte, auf eine arschlochfreie Generation wird die Menschheit wohl vergebens warten.

Buchläden haben schon immer eine magische Anziehungskraft auf mich ausgeübt. Als Student habe ich mich stundenlang in der Kunstbuchhandlung Walther König auf der Kölner Ehrenstraße rumgedrückt. Besonders alteingesessene Traditionshäuser haben es mir angetan, beispielsweise »Shakespeare & Company« in der Wiener Sterngasse, aber auch in Antiquariaten wie dem in der Züricher Oberdorfstrasse kann ich mich stundenlang verlieren. Natürlich gibt es auch in stinknormalen Buchhandlungen immer irgendetwas zu entdecken. Heute wartet allerdings mit dem City Lights Bookstore die Krönung auf mich. Ein berühmtes Foto von Larry Keenan zeigt Robbie Robertson von den Hawks, den Lyriker Michael McClure, Bob Dylan und Allen Ginsberg vor dem Hintereingang des Ladens. Wir betreten die heiligen Hallen natürlich durch den Vordereingang. Der Grundriss dieses zweigeschossigen Hauses erinnert an ein Tortenstück, und da auch der Keller als Verkaufsraum einbezogen wird, gibt es drei Etagen pickepackevoll mit Büchern. Ein Schlaraffenland nicht nur für Bibliophile. Carl Spitzwegs Bücherwurm würde sich hier sauwohl fühlen, aber auch Musikfreaks, denn im Basement gibt's eine Abteilung mit Musikliteratur, wo ich mir auf die Schnelle »GABBA GABBA HEY!-The Graphic Story Of The Ramones« zulege. Nicht gerade das, wonach man sucht, wenn es um die Beat-Poeten geht, aber irgendwie dann doch in deren Tradition. Außerdem sollte man unabhängige Buchläden unterstützen, wo man kann. Pragmatischerweise hat man neben der Kasse sogar noch so etwas wie eine Merch-Abteilung mit T-Shirts, Stickern, Badges, Postkarten und Baseballcaps eingerichtet, wo Tina einen Strampler mit dem Aufdruck HOWL entdeckt und für alle Fälle mal erwirbt. (Unser erster Enkel sollte zu dem Zeitpunkt allerdings noch drei Jahre auf sich warten lassen.)

Nur durch eine kleine Gasse vom Bookstore getrennt, befindet sich gegenüber das Vesuvio-Café, eine Cocktailbar aus längst vergangenen Zeiten. Der Laden erinnert mich stark an die frühen Szenekneipen im Köln der Sechzigerjahre, als vor allen Dingen am Zülpicher Platz, in Uni-Nähe, die ersten bürgerlichen Wirtschaften von jungen Leuten übernommen wurden, die dann peu à peu die Innenausstattung auswechselten. Dafür wurde allerdings niemals ein Innenarchitekt beauftragt. Tresen, Tische und Stühle durften bleiben, aber da, wo vorher in Essig und Öl gemalte Alpenpanoramen und Wagenräder mit Plastikblumenranken weitgehend unbemerkt ihr Dasein fristeten, hingen plötzlich Bilder von Kunststudenten, die damit auch gerne mal ihre Deckel bezahlten. Auch in den Musikboxen vollzog sich eine Wachablösung: Roy Black, Heintje und Manuela wurden beurlaubt, Jimi Hendrix, The Who und Janis Joplin hielten Einzug. Aber meistens liefen in diesen Läden völlig verkratzte Langspielplatten. Je nachdem, wie spät es war, achtete darauf eh keiner mehr, und es konnte passieren, dass man zu fortgeschrittener Stunde »Sticky Fingers« locker fünfmal hintereinander hörte, bis es irgendeinem auffiel. »Brown Sugar« konnte man sowieso nicht oft genug hören. Diese Art von Kneipen wuchsen einfach zu. Wo kein gerahmtes Bild aus der Abteilung »Francis Bacon für Arme« oder missverstandenem Surrealismus (Hauptsache Schlagschatten) hing, wurden Veranstaltungsplakate hingekleistert. Auch politische Aufrufe machten sich gut. Uschi Obermaier sowieso.

Im Vesuvio-Café fällt ein nicht weniger wilder Stilmix auf. Von bunten bleiverglasten Tiffany-Lampen mit Blumen und Tiermotiven über Stühle, die man eher in einem Bistro am Montmartre erwarten würde, bis zu Lichterketten, Kronleuchtern, gerahmten Schwarz-Weiß-Fotos, Postern, Neoreklamen, Mosaiken auf dem Boden und selbstverständlich ganz vielen Jack-Kerouac-Devotionalien. Ob gemalt, fotografiert, gezeichnet, egal … Hauptsache Kerouac, der unangefochtene Lokalmatador. Wenn man nicht an der Theke stehen will, kann man auch über eine steile Treppe in die erste Etage auf einen Balkon steigen, von wo aus man über eine Art Reling das Treiben rund um den Tresen beobachten könnte. Jetzt, wo ich die Fotos von der Kneipenausstattung nach längerer Zeit noch einmal sehe, stelle ich fest, dass das

Vesuvio so aussieht wie ein begehbarer BAP-Altar. Müßig zu sagen, dass ich dieses gemütliche Kneipengenre sämtlichen bemüht schicken Designerbars vorziehe, denn hier drin wurde gelebt, hier hat der Papst geboxt.

Wir können den Wirt dazu überreden, bei mir am Tisch Platz zu nehmen und mir etwas über die Entwicklung San Franciscos nach der Hippie-Ära zu erzählen. Er seufzt. Frisco sei immer schon ein Schmelztiegel gewesen, aber mittlerweile habe sich die Stadt zur Party-Town der internationalen Tech-Worker entwickelt, die mit ihren hohen Löhnen das Preisgefüge gefährlich durcheinanderbringen. Die Mieten seien explodiert, und von dem, was eine Bedienung in seinem Lokal verdient, könne man sich nicht mal ein Einzimmerappartement leisten. »Wie soll das auf Dauer gut gehen?,« meint er. Seit Jahren denke man über eine »Homeless-Tax« nach, die Betriebe mit mehr als 50 Millionen US-Dollar an steuerpflichtigen Brutto-Einnahmen in San Francisco zahlen sollen. Im kommenden Jahr soll darüber abgestimmt werden.

Was Sofia Andari mir beim nächsten Date erzählt, geht in dieselbe Richtung. Sie ist eine der Frauen, die für den Tag nach Trumps Amtseinführung in vielen Städten der USA, so auch in Frisco, den »Women's March« für die Gleichstellung der Geschlechter und Wahrung der Bürgerrechte organisiert haben. Wir haben uns im Golden Gate Park in der Nähe des Botanischen Gartens verabredet, an einem künstlich angelegten See, auf dem man sich notfalls auch ein Paddelboot ausleihen könnte. Das lassen wir aber lieber und machen stattdessen einen kleinen Spaziergang. Sofias Familie stammt aus dem Libanon, sie selbst wurde in den Vereinigten Staaten geboren. Sie sagt, dass sie in ihren schlimmsten Albträumen nicht für möglich gehalten hätte, dass ein Kotzbrocken wie Trump von den Amerikanern zum Präsidenten gewählt würde. Ein primitiver Rassist, Sexist und machtgeiler Frauenfeind, ein Lügner, dessen einziges Interesse es sei, an der Macht zu bleiben. Die Idee für den Marsch hatte eine in Hawaii lebende Großmutter namens Teresa Shook am Tag nach Trumps unerwartetem Wahlsieg über Hillary Clinton. Es gelang ihr, diesen Plan über die sozialen Medien weltweit zu verbreiten und allein in den USA fünf Millionen Menschen zu mobilisieren. Die meisten davon natürlich Frauen.

Zu der Zeit war ich mit meinen Mädels im indischen Goa. Wir waren am Tag nach dem letzten Gig der »Lebenslänglich«-Tour aufgebrochen, wild entschlossen, Weihnachten und den Januar 2017 in Zelten am Indischen Ozean zu verbringen. Das niederschmetternde Wahlergebnis im November zuvor hatte sich in der Nacht nach unserer Show in Bern abgezeichnet, aber die hochpeinliche Vereidigung Trumps haben wir in Goa im Internet verfolgt. Ebenso tags drauf die Bilder vom »Women's March«. Ich weiß noch, dass ich zunächst perplex war, weil ein Großteil der demonstrierenden Frauen in rosafarbenen Strickmützen erschienen war, bis ich erfuhr, dass diese »Pussyhats« auf Trumps »Grab them by the pussy«-Bemerkung zurückging. Sensationell … »Bloß nit dä Humor verliere!«

Nach einer weiteren lauten Nacht im Adante Hotel beschließen wir auszuchecken, weil wir gehört haben, dass infolge der Waldbrände immer mehr Flüge ausfallen. Eigentlich haben wir ja geplant, noch eine weitere Nacht in San Francisco zu verbringen, aber irgendwie scheint es uns ratsam, in den sauren Apfel zu beißen und die Strecke nach Los Angeles im Van zurückzulegen. Schließlich haben wir noch einiges vor, und das Risiko, dass ausgerechnet unser Flug gecancelt würde, ist zu groß. Die Aussicht, sich im unbequemen Kleintransporter die Nacht um die Ohren zu schlagen, ist allerdings wenig verlockend. Es wäre ja überhaupt nichts dagegen einzuwenden, wäre der legendäre Highway 1 entlang der kalifornischen Küste nicht in der Gegend von Big Sur durch einen Erdrutsch unpassierbar. Dann könnten wir nämlich Monterey besuchen, wo Dylan 1963 auf dem Folk-Festival seinen allerersten Gig an der Westküste absolviert hat und wo John Steinbecks »Cannery Row« spielt, der in Salinas geboren ist. Dort könnte man wiederum wunderbar das »National Steinbeck Center« besuchen, um der Zeile aus »Sad Eyed Lady Of The Lowlands« nachzuspüren, die mich dazu veranlasst hat, »Straße der Ölsardinen« (so der furchtbare deutsche Titel von »Cannery Row«) und danach so ziemlich alles von Steinbeck zu lesen.

Letzte Strophe, erste Zeile: *With your sheet-metal memory of Cannery Row …*

Was habe ich mir damals den Kopf darüber zerbrochen, was es mit dieser Scheiß-Konservenfabrik auf sich hatte! Immerhin habe ich die nächste Zeile gerafft, wo der Bilderbuch-Ehemann von der Lady mit den traurigen Augen den Laufpass bekommt.

… and your magazine husband, who one day just had to go …

Das nützt jetzt aber alles nichts, denn die Küstenstraße ist nun mal verschüttet. Shit happens.

Somit packen wir unsere Koffer, meine Gitarre und das komplette Filmequipment in den Van, verzichten auf das trostlose Frühstück im Adante, suchen uns ein Diner auf dem Weg in Richtung Haight Ashbury, dem ehemaligen Hippie-Viertel, und verwöhnen uns mit einem trostspendenden American Breakfast. Man kommt sich in diesem Lokal zwar vor wie im Film »American Graffiti«, sogar die Musikbox ist entsprechend bestückt, aber das wollten wir jetzt genau so: »Johnny B. Goode!«

Heute soll der Tag der Kür werden, die Pflicht

ist abgehakt. Das Epizentrum der Beatnik- und Hippie-Bewegung war die Kreuzung zweier Straßen, der Haight Street und der Ashbury Street. So einfach ist das. Die Häuser sind in den abenteuerlichsten Farben bemalt, und wir pilgern erst mal dahin, wo Janis Joplin wohnte, unweit des Hauses der Greatful Dead, und suchen danach das rote Haus 1542 Haight Street, in dem seinerzeit Jimi Hendrix' Freundin wohnte, die er *neunundneunzig und einen halben Tag* vernachlässigt hatte und die sich deshalb vom Acker gemacht hat. Wie's aussieht, hatte sie das Schloss auswechseln lassen, sein Schlüssel passte jedenfalls nicht mehr ins Türschloss, was aber anscheinend nicht so schlimm war. In »Red House« singt er:

> … 'cos if my baby don't love me no more,
> I know, her sister will!

Der Spruch hätte auch von meinem Vater sein können, der mich in Liebeskummer-Situationen regelmäßig mit der Erkenntnis, andere Mütter hätten auch schöne Töchter, zu trösten pflegte. Mittlerweile gibt es allerdings Zweifel an dieser Hendrix-Geschichte, manche sagen, »Red House« habe einen mythologischen Hintergrund, der auf die Hopi-Indianer zurückgeht. Andere meinen, es ginge um eine rot dekorierte Wohnung in der New Yorker 63rd Street, in der Hendrix mit seiner großen Liebe Linda Keith den ersten LSD-Trip geschmissen hat. Mir passt die Haight-Street-Story am besten in den Kram, weil Jimi und mein Vater beide an einem 18. September gestorben sind. Jimi 1970 und mein Vater 1980, auf den Tag genau zehn Jahre später.

Nachdem wir ausreichend atmosphärische Schnittbilder im Kasten haben und sogar ein paar Mitbringsel kaufen konnten, bleibt eigentlich nur noch mein letzter Aufsager für den Anfang der fünften Folge mit dem Titel »Kalifornien«. Als hierzu passenden Drehort hatte sich Hannes eine Wiese an der Ecke vom Buena Vista Park ausgesucht, weil es hier, wie der Name schon verrät, einen wunderbaren Panoramablick auf den Pazifik und die Bay gibt und obendrein eine Skyline mit hübschen bunten Holzhäusern. Wir parken also unseren Kleintransporter mit den schwarz getönten Scheiben, durch die man nicht ins Innere des Autos schauen kann, direkt am Bürgersteig des Parks, gehen auf den Rasen und fangen in maximal zehn Metern Entfernung mit den Vorbereitungen für meine kurze Moderation an. Ton-Check, Blickwinkel festgelegt, Hannes sagt: »Bitte!«, und ich lege los: »Die letzte Folge unserer Reise durch Bob Dylans Amerika führt uns an die Westküste. Vor allem hier in San Francisco haben …« In diesem Moment schreit eine Frau von der Straße her etwas, was ich nicht unmittelbar verstehe. Auch ein Mann ruft etwas in unsere Richtung, und mir schwant, dass da irgendwas nicht in Ordnung ist. Dann ein Kavalierstart mit quietschenden Reifen. Christoph, der Einzige ohne Equipment, hastet zum Van. Auf der Beifahrerseite sieht eigentlich alles okay aus, doch sobald er um das Auto rumgeht, sieht er, dass sowohl das vordere Fenster auf der Fahrerseite wie auch das dahinter, an dem ich in der Regel sitze, eingeschlagen ist. Mittlerweile ist auch der Rest der Mannschaft am Auto angekommen. Die Ganoven sind schon längst über alle Berge. Das ging alles dermaßen schnell, dass sich noch nicht mal jemand die Farbe ihres Fluchtwagens geschweige denn die Automarke oder das Kennzeichen merken konnte. Wir sind total geschockt. Mit so was hätte in dieser idyllischen Umgebung, vor allem um diese Uhrzeit, niemand gerechnet. Nachdem wir uns halbwegs beruhigt haben, checken wir, was fehlt. Die Frau und der Mann, die Zeugen des Einbruchs waren, konnten auch nicht mehr sagen, als dass alles ganz schnell gegangen sei. Einer hätte die Fenster gezielt eingeschlagen, ein paar Rucksäcke rausgezogen, sei in das mit laufendem Motor wartende Auto gesprungen, das dann in Richtung Golden Gate Park losgebraust sei. Mehr Information gab es nicht. Okay, welche Rucksäcke fehlen? Der von Hannes, mit Laptop, Brieftasche, Bargeld, Kreditkarten, Ausweisen und seinen Medikamenten. Tinas Rucksack, ebenfalls mit Laptop, einem gerade erst gekauften Objektiv, ihrem Geldbeutel (inkl. Bargeld, Scheckkarten und Ausweisen), ihrer Brille und meine »heilige« Filson-Umhängetasche, die ich seit Jahren als mein transportables Büro mit mir rumschleppe. Darin mein iPad, zu dem man mich Gott sei Dank mit Engelszungen überredet hatte und ohne das ich mittlerweile komplett aufgeschmissen wäre, mein Portemonnaie mit Ausweisen, Kreditkarten und Bargeld, Dylans »Chronicles« und leider auch meine Kladde, in die ich alles Wichtige notiere, sowie mein als »Seniorenhandy« verspottetes Mobiltelefon mit diversen Privatnummern von befreundeten, teilweise prominenten Kollegen, die nicht unbedingt in falsche Hände geraten sollten. Scheiße!

Spätestens als die beiden Beamten vom San Francisco Police Department in betont unaufgeregter Form eintreffen, muss ich wieder an »Dirty Harry« denken. Wir waren gerade dabei, dem Officer Gordon das wenige zu erzählen, was wir wussten, als man ihn über Funk darüber informierte, dass ein paar Blocks weiter zwei schwarze Rucksäcke und eine kakifarbene Segeltuchtasche aus einem fahrenden Auto geworfen worden seien. Ein Passant hätte alles aufgesammelt und aufs Revier gebracht. Also nix wie hin, um zu checken, was daraus fehlt. Genau genommen nur das, was man auf die Schnelle verhökern kann, wie die Computer, das Objektiv und das Bargeld. Mein Seniorenhandy hat man anscheinend als »unverkäuflich« eingestuft, deshalb ist es noch vorhanden. Im Gegensatz zu Tinas Brille, sodass Tina fortan gezwungen ist, auch nachts mit Sonnenbrille rumzulaufen. Halt Dylan-mäßig. Erfreulicherweise haben die Herren Räuber kein Interesse an unseren Ausweisen gehabt, sonst hätten wir uns den nächsten Drehtag abschminken können, um uns stattdessen auf irgendwelchen Konsulaten in der Warteschlange zu amüsieren. Das mit dem Laptop und dem iPad ist zwar doof, aber da meine Frau so clever war, vor unserer Abreise ein komplettes Backup zu erstellen, sind wir diesbezüglich mit einem blauen Auge davongekommen. Auch die Kreditkarten sind wieder aufgetaucht. Blöde nur, dass Tina, noch bevor die Polizei am Tatort war, schon in der Heimat angerufen hat, um alles zu sperren. So was rückgängig zu machen ist höllisch kompliziert. Da könnte ja jeder kommen! Ich bin vor allen Dingen erleichtert, dass meine Bücher noch da sind, auch die Kladde, in der ich seit der Vorbereitungsphase auf Kreta alles aufgeschrieben habe und die im Verlauf unseres Trips mit Skizzen und reingeklebtem Zeug so zugewuchert war, wie ich das liebe. Diese Kladden sind meine ultra-analogen Archive, falls ich Jahre später noch mal nachschauen will, wo ich beispielsweise welchen Songtext aus welchem Grund und unter welchen Bedingungen geschrieben habe.

Mit durch Gaffer-Tape notdürftig abgeklebten Scheiben fahren wir zurück zum Tatort, weil wir ja trotz allem noch meinen Aufsager in den Kasten kriegen müssen. So sitzen wir also mit gemischten Gefühlen in unserer demolierten Karre zwischen unzähligen schwarzen Verbundglas-Stückchen und fragen uns, wieso die Kerle eigentlich so genau wussten, wo welches Gepäckstück war. Die Lösung war denkbar einfach: Sie haben uns wahrscheinlich heute Morgen beim Einladen vor dem Hotel beobachtet und seitdem nicht aus den Augen gelassen. Die Gegend vom Diner, wo wir gefrühstückt haben, war zu bevölkert, der Parkplatz, von wo aus wir aufgebrochen sind, um die Hippie-Meile zu filmen, war bewacht, aber am Buena Vista Park war die Gelegenheit günstig. Nicht auszudenken, wenn sie in aller Ruhe unseren Van hätten plündern können, mit all dem Kameraequipment, den Laptops der restlichen drei Kollegen, meiner Gitarre und vor allen Dingen der Tasche mit sämtlichen Festplatten des bis dahin gedrehten Materials. Das wäre der Super-GAU gewesen. Der Beamte auf dem Polizeirevier meint, bei einem solchen Raub tippe er auf Beschaffungskriminalität, Junkies bräuchten Geld für den nächsten Schuss, er kenne das. So was sei leider kein Einzelfall.

Mein Aufsager ist schnell gemacht, dann aber verlieren wir kostbare Zeit mit all den Formalitäten, die man erledigen muss, wenn man beim Autoverleiher ein beschädigtes Fahrzeug gegen ein intaktes eintauschen will. Dazu müssen wir zum Flughafen, weil wir nur dort ein vergleichbares Modell kriegen. Es zieht sich. Erst bei einbrechender Dunkelheit schaffen wir es loszukommen. Über den ersten Gebirgskamm bis Dublin, dann auf der Interstate 580, vorbei am Altamont Speedway, wo die Stones damals so fürchterlich baden gegangen waren, bis es auf der östlichen Seite der Berge durch das Central Valley nur noch stur geradeaus auf der

Interstate 5 bis in die Gegend von Bakersfield geht. Dann passiert man erneut den Gebirgskamm, bis man unten endlich die Lichter von Los Angeles funkeln sieht. Diesmal fuhr Hannes, besser gesagt, er flog tief. Ich frage mich heute noch, wo die Jungs von der California Highway Patrol in dieser Nacht abgeblieben waren. Vermutlich fanden die Cops es lukrativer zu überwachen, ob jemand wild pinkelt, denn nachdem die Lokale am Freeway geschlossen haben, gibt es auch keine legalen Möglichkeiten mehr, seine Notdurft zu verrichten. Sollte man sich das trotz Verbot nicht verkneifen können und wird ertappt, wird man verknackt und muss ordentlich löhnen. Höchst merkwürdige Spielregeln und ein verblüffend simples Geschäftsmodell. Uns hat jedenfalls auch diesbezüglich keiner erwischt, wir haben den Tiefflug überlebt, und nachdem wir zunächst unser komplettes Geraffel bis vor die Rezeption des falschen Hotels geschleppt hatten, im zweiten Versuch aber erfolgreicher waren, betten wir, völlig gerädert, kurz vor Sonnenaufgang unsere müden Häupter auf die Kopfkissen eines übertrieben großen Airport Hotels.

LOS ANGELES

Eigentlich hätte ich im Verlauf unseres Nightrides ja ausreichend Zeit gehabt, darüber nachzudenken, was ich in meinem bisherigen Leben in Los Angeles erlebt habe. Aber erst beim Aufwachen kommt mir der Dreh unseres »Schluss, aus, okay«-Videos in den Sinn. Mit Unterbrechungen hatten wir ungefähr zwei Jahre an Wim Wenders' BAP-Film gearbeitet, der im März 2002 schließlich in die Kinos kam. Kurz vorher hatte Wim die sensationelle Idee, den Videoclip zu dem neuen Song, mit dem unser Film endet, nicht etwa irgendwo am Rheinufer in Köln zu filmen, was naheliegend gewesen wäre, weil der Protagonist ja hier den stromaufwärts fahrenden Containerschiffen nachschaut, sondern 9000 Kilometer und zwölf Flugstunden entfernt in der kalifornischen Wüste auf der alten Route 66.

Wim hatte gemerkt, wie schwer es mir gefallen war, den Film loszulassen. Es stimmte: Am liebsten hätte ich immer weitergedreht, aber mittlerweile gab es ja schon die erste Kopie. Wir waren definitiv fertig mit »Viel passiert«. Und so hat er aus meiner Not eine Tugend gemacht, indem er den Entzug lindernd einen allerletzten Dreh in seiner damaligen Wahlheimat, der Stadt der Engel, anberaumte. Und so sind wir beide dann in einem türkisfarbenen offenen Cadillac durch die Gegend gefahren. Vom Hollywood Boulevard bis in die Mojave-Wüste, haben in einem immer noch funktionsfähigen Autokino gedreht und auch in Roy's Motel in Amboy an der Route 66. An einer Tankstelle im Ort Twentynine Palms fotografierte mich Donata, Wims Frau, frühmorgens mit einem amerikanischen Fähnchen und einer Joshua-Tree-Postkarte, die wir dann später für das Albumcover von »NIEDECKENꓘOEꓘ« gegen eine Dompostkarte ausgetauscht haben. Kein Zweifel: Das war eine Pilgerfahrt zu den Sehnsuchtsorten meiner Jugend. Wer hätte ahnen können, als ich zum ersten Mal die Stones-Version von Bobby Troups »Route 66« in einem katholischen Internat in der Voreifel gehört habe, dass ich dort irgendwann mal beruflich zu tun haben würde?! Ein Methadonprogramm der ganz besonderen Sorte. Alles gut!

Kerouac lääv je'nfalls nimieh.
Wenn doch, sööch et och kaum anders uss.
Die Nord-Südfahrt weed niemohls 'ne Highway,
doch Katzejammer manchmohl Blues.
Echt, ich kann et nimieh hühre, jevv et draan,
alles nix, wo wer für kann.
Schluss, aus, vorbei. Keine Bleck zoröck,
   woröm och?!
Schluss, aus, vorbei. Schluss, aus, okay.

Halbwegs ausgeschlafen machen wir uns auf den Weg zu Michael Simmons, einem Rockjournalisten, der sich vor allem mit den großen amerikanischen Songwritern von Leonard Cohen bis Neil Young auskennt und darüber u. a. für den Mojo schreibt.

Er wohnt in einem dieser für L. A. typischen zwei-
stöckigen Appartementhäusern, die um einen In-
nenhof mit Swimmingpool errichtet werden. Richtig viel Platz gibt's in diesen Wohnungen nicht.
Seine ist mit Büchern vollgestellt, Regale bis unter
die Decke, es gibt nur Trampelpfade in die ebenfalls rappelvolle Küche, ins Bad und das Zimmer,
wo er schläft. Er ist gut gelaunt, Hannes und Michael sind offensichtlich alte Bekannte. Sie hatten
schon öfters miteinander zu tun. Erst vor Kurzem
hat Simmons wieder Liner-Notes für eine demnächst erscheinende Bootleg-Series des Meisters
geschrieben. Irgendwie erinnert mich der Kerl an
Charles Bukowski. Wir kommen unmittelbar ins
Plaudern, und es ist kein Wunder, dass wir bei unserem Gesprächsthema von Hölzchen aufs Stöck-
chen kommen. Ein Aspekt, der bisher überhaupt
noch nicht beleuchtet wurde, ist Dylans Fähigkeit,
sich großartige Melodien auszudenken. In der Regel sei immer nur von seinen Texten die Rede, die
den Rock 'n' Roll vor dem Verblöden bewahrt haben, aber man müsste sich nur mal vergegenwär-
tigen, meint Simmons, wie viele seiner eher spar-

tanischen Kompositionen für manche Kollegen als Coverversionen zu Welthits wurden. Dylan sei ein Eigenbrödler, der sich nie einem Trend untergeordnet habe, sogar die Gegenkultur habe er abgelehnt. Er sei tolerant, ansonsten eher unpolitisch, was ich allerdings bezweifle, denn auf Anhieb fallen mir reichlich Texte ein, die nun wirklich alles andere als unpolitisch sind. »Licence To Kill« und »Union Sundown« vom »Infidels«-Album oder später, gegen Ende der Reagan-Administration, »Political World«. In »Chronicles« schreibt Dylan, dass ihn vielleicht der heiße Wahlkampf, der damals um das Amt des Präsidenten tobte, zu diesem Text inspiriert habe, aber Politik als Kunstform interessiere ihn nicht. Topical Songs, die bestimmte aktuelle, politische oder gesellschaftliche Ereignisse kommentieren, kommen vor allem in den ersten Jahren seiner Karriere vor. Aber platte Politsongs, zum Zweck der Agitation geschrieben, konnte man tatsächlich noch nie von ihm erwarten. Da bin ich mir mit Simmons vollkommen einig.

Außerdem sehe Dylan sich in keinster Weise als Messias (wenn man mal von seiner »Born again«-

Phase absieht), sondern nur als Storyteller, als Troubadour, der von Land zu Land, von Stadt zu Stadt zieht. Dylan sagt, das sei seine selbst gewählte Lebensform. Manche Musiker würden es hassen, unterwegs zu sein. Für ihn wäre es so natürlich wie das Atmen. Er tue das, weil er getrieben sei. »Die Bühne ist der einzige Ort, wo ich glücklich bin«, sagte er 1997 in einem »New York Times«-Interview. »Das ist der einzige Platz, an dem man der sein kann, der man sein will. Im Alltagsleben kannst du das nicht sein.«

Nachmittags sind wir mit einem alten Bekannten verabredet, der längst seinen Wohnsitz von London nach Los Angeles verlegt hat. Mit Dave Stewart & The Spiritual Cowboys haben wir im Sommer '91 eine unvergessliche Festival-Tournee gespielt, auf der wir richtig viel Spaß hatten. Vor allem die Kombination von Daves Band und der von Bob Geldof mit dem seltsamen Namen »The Vegeterians of love« war ein stetiger Quell der Freude und Überraschung. Ständig wurden einander Streiche gespielt. Mal seilte sich Bob Geldof in sexy Rodeo Chaps mit nacktem Oberkörper, Cowboyhut und Engelsflügeln aus den Lichttraversen ab, während die Spiritual Cowboys spielten, mal liefen diese beim Auftritt der Vegetarians in extra für diesen Zweck aus London eingeflogenen Gemüse- und Obst-Kostümen über die Bühne. Als Äpfel, Birnen, Rettiche, Bananen und Möhren verkleidete Spaßvögel versuchten sie mit Erfolg, ihre Kollegen aus dem Konzept zu bringen. Im Publikum zumeist ratlose Mienen, weil keine Erklärungen mitgeliefert wurden. Egal, wir haben uns weggeworfen.

Dave Stewart hatte beim ersten dieser Festival-Gigs mitbekommen, dass wir als Headliner, als allerletzte Zugabe, gemeinsam mit Julian Dawson, Bowies »Heroes« spielten. Ob er da nicht auch mitmachen dürfte? Nichts lieber als das. Und so kam es, dass dieser Ausnahmekünstler, der mit Annie Lennox als Eurythmics jede Menge Welthits hatte, allabendlich geduldig hinter der Bühne wartete, um beim Finale einer Kölschrock-Band dabei zu sein. Chapeau!

Dave Stewart bewohnt ein Penthouse mit Dachterrasse, von der aus man das Hollywood Sign sehen kann. Wir hatten uns erst vor wenigen Wochen in Hamburg gesehen, als Nena ihre große Jubiläumsshow aufgezeichnet hat. Bei der Gelegenheit hatte ich ihm von unserer Dylan-Reise erzählt. Ob wir dann auch nach L. A. kämen, fragte er. Eine derart nette Einladung schlägt man natürlich nicht aus, zumal wir ahnen, dass er einiges zum Thema beizutragen hat. Beispielsweise die Geschichte, wie er Bob kennengelernt hatte.

Irgendwann im Herbst 1985 wurde Dave in den Londoner Church-Studios ans Telefon gerufen, Bob Dylan wolle ihn sprechen. »Ha, ha, guter Witz!« Na gut, er hat den Hörer genommen, immer noch in der Annahme, man wolle ihn auf den Arm nehmen, bis der Mann am anderen Ende der Leitung die ersten Worte gesprochen hatte. »Scheiße, … das ist tatsächlich Bob Dylan!« Ergebnis dieses Telefonats war, dass die beiden sich zum Essen verabredet haben und Dave eingeladen wurde, bei dem Song »Under Your Spell« mitzuwirken. Wenn man sich diese Produktion aufmerksam anhört, fällt einem auf, dass vor allem die Backing Vocals ziemlich nach Eurythmics klingen. Von da an sind die beiden in Kontakt geblieben, und so kam es dann, dass Dave ein paar Jahre später damit betraut wurde, das Video zu »Blood In My Eyes« zu drehen. Ein Song der Mississippi Sheiks, den Dylan ganz alleine für sein zweites Blues-Album »World Gone Wrong« in seinem Heimstudio in Malibu recorded hatte. Seitdem sind Bob und Dave befreundet.

Dave erzählt aber auch davon, wie er Dylan als Jugendlicher erlebt hat. Es habe auf der einen Seite immer die offiziellen Nachrichten im Radio und im Fernsehen gegeben und auf der anderen Seite die »Dylan-News«, die für ihn ehrlicher und glaubwürdiger waren. Auch seinen Umgang mit bornierten Boulevard-Journalisten hätte er abgefeiert. Dylan hätte sich einfach nicht unterkriegen lassen, sagt er und zitiert den erst vor wenigen Tagen verstorbenen gemeinsamen Freund Tom Petty: »He won't back down!«

Natürlich wollen wir auch noch gemeinsam einen Dylan-Song aufnehmen. Die Gelegenheit ist ausgesprochen günstig, da sich in seinem Penthouse ein sensationell ausgerüstetes Heimstudio befindet. Wir entscheiden uns für »Just Like Tom Thumb's Blues«, ein Lied, das mir in Zeiten, als den

Platten noch keine Lyrics beigelegt waren, große Rätsel aufgab. Meine Englischkenntnisse waren Mitte der 60er eher rudimentär, und ich verstand oft nur Bahnhof: Was zum Teufel ist nur mit diesem Typ los, der mitten im Krieg, zur Osterzeit, nach irgendwelchen Negativen sucht? … und was hat es mit den ungarischen Frauen auf sich, die ihn in Unordnung bringen? Französische Straßennamen in englischsprachigen Texten ohne Booklet zu entschlüsseln war schier unmöglich. Irgendwie auch unfair. Hier die rätselhafte erste Strophe vom »Däumlings-Blues«.

When you're lost in the rain in Juarez
And it's Easter time, too
And your gravity fails and negativity
Don't pull you through
Don't put on any airs
When you're down on Rue Morgue Avenue
They got some hungry women there
And they really make a mess out of you

Wir müssen kurz grinsen, als Dave, der für die zweite Strophe zuständig ist, ausgerechnet *If you see Saint Annie, please tell her thanks a lot* singen muss und so ungewollt seine ehemalige Partnerin Annie Lennox ins Spiel bringt. Da wir gerade so viel Spaß haben, overdubbt er zusätzlich auch noch ein Bottleneck-Solo, was mich wiederum daran erinnert, bei welcher Gelegenheit ich den Meister zum zweiten Mal getroffen habe.

Bob hatte aus gut unterrichteten Kreisen erfahren, dass die hannoversche Gitarrenfirma Duesenberg eine Lap Steel entwickelt hatte, die man mit einer Art Kapodaster in die gewünschte Tonart stimmen kann. Normalerweise sind diese Dinger nämlich in manchen Tonarten unfassbar schwer zu spielen. Also ließ Dylan in Hannover anrufen, um sich so ein Teil zu bestellen, was die Duesenbergs natürlich sehr freute, denn Dylan endorsen zu dürfen, so was passiert einem nicht alle Tage. Um es kurz zu machen: Ingo Renner, einer der beiden Chefs von Duesenberg, rief mich an, ob ich nicht Lust hätte, Bob Dylan die bestellte Lap-Steel-Gitarre demnächst in Saarbrücken nach seinem dortigen

Konzert zu überreichen. Nichts lieber als das. So bin ich also im April 2009 mit wichtigen Backstage-pässen ausgerüstet (und selbstverständlich mit dem geordneten Instrument) nach Saarbrücken aufge-brochen, um mir erst mal das Konzert anzuhören und ihm danach, hinter der Bühne der Saarland-halle, das Gerät zu übergeben. Man muss wissen, dass bei Dylan-Konzerten extrem strenge Secu-rity-Auflagen zu befolgen sind. Wenn ich mir vor-stelle, was bei uns in derselben Halle backstage ab-geht und wie ausgestorben es dort an diesem Abend war, dann hatte das etwas Unwirkliches. Ich wurde nach der Show nach hinten gebracht, man sagte mir, ich solle da auf ihn warten. Weil mich keine wei-tere Person begleiten durfte und das Zeitalter der Selfies noch nicht richtig angebrochen war, war es anscheinend überflüssig, mich zu ermahnen, bloß keine Fotos zu machen. So stand ich also mutter-seelenallein in dieser Neonhölle und wartete auf den Meister. Irgendwie filmreif. Schließlich kam er, ebenfalls mutterseelenallein, lächelnd mit erhobe-ner Faust auf mich zu. »Was soll das jetzt wieder?«, hab ich mich gefragt, dann aber immerhin noch früh genug geschnallt, dass wohl Getto-Faust angesagt war. Anscheinend war ihm das mit dem zu festen Händedruck nicht nur mit mir passiert. Ich kann mir allerdings kaum vorstellen, dass er sich noch an diesen Abend vor neun Jahren in der Kölnarena erinnern konnte, aber bei der Erwähnung von Wims Namen meinte er »Yeah, sure …«, und dann kamen wir auch schon zur Übergabe. An das, was er dabei gesagt hat, kann ich mich nicht mehr erinnern. Ich weiß nur noch, wie fasziniert er das Instrument aus dem Koffer geholt und von allen Seiten gecheckt hat. Wie ein kleiner Junge, der eine neue Lok für seine Modelleisenbahn unter dem Weihnachtsbaum findet. Ein rührender Moment, den ich auf keinen Fall mit irgendeiner überflüssigen Frage ruinieren wollte. Auch nicht mit einem Satz, den er vermutlich schon Millionen Mal gehört hat. Klar, ich würde ihn gerne wissen lassen, dass er mein Leben entscheidend geprägt hat, und mich dafür bei ihm bedanken. Aber wie gesagt, ich hätte diesen fragilen Moment ruiniert, und das war's mir nicht wert. Schließlich erzählte er mir, dass er in seinem Tourbus eine kleine Gitarrenanlage hätte, wo er das Ding gleich anschließen würde. Sie würden heute Nacht noch nach Paris fahren, somit hätte er ausreichend Zeit, sich mit der Lap Steel zu befassen. Okay. Noch mal die Getto-Faust, danke, take care, und das war's.

Mit Dave Stewart hätte ich noch ewig weiterplauschen können, auch über Themen, die nicht unbedingt was mit Dylan zu tun haben. Beispielsweise über das Projekt »Superheavy«, das er zusammen mit Mick Jagger, Damian Marley, Joss Stone und A. R. Rahman ins Leben gerufen hat. Deren Album ist bei uns zu Hause damals auf Heavy Rotation gelaufen. Oder über die Aufnahmen des ersten Eurythmics-Albums, 1981 in Wolperath, im Bergischen Land bei Conny Plank, ein Jahr nachdem wir da unsere Single »Chauvi Rock« mit unserem damals frisch eingestiegenen neuen Gitarristen Klaus Heuser aufgenommen hatten. Seinen Spitznamen »Major Healey« (aus der Vorabendserie »Bezaubernde Jeannie«) kriegte er erst kurz danach in Darmstadt verpasst. Aber so langsam geht es aufs Ende unserer Reise zu, also machen wir uns schweren Herzens auf den Weg.

Für die Dämmerung hatten wir geplant, in die Gegend vom Santa-Monica-Pier zu fahren, um im Palisades Park ein paar atmosphärische Bilder aufzunehmen, über die man dann gegebenenfalls aus dem Off resümierende Gedanken sprechen könnte. Hier war ich damals schon mal, kurz bevor wir mit dem »Schluss, aus, okay«-Video angefangen haben. Der Santa-Monica-Pier bildet den Endpunkt der historischen Route 66, die von Chicago aus über zweitausend Meilen hierhin an die Pazifikküste führt. Und dann müssen wir auch noch zum Sunset Strip, wo sich mit dem »Roxy Theatre« der wohl der bekannteste Club der Stadt befindet, in dem wahrhaft Musikgeschichte geschrieben wurde. Am Eröffnungsabend 1973 weihte Neil Young mit einer All Star Band namens »The Santa Monica Flyers« den Laden ein, in dem u. a. später auch der Löwenanteil von Frank Zappas Live-Album »Roxy & Elsewhere« aufgenommen wurde. Zum Capitol Records Building in der Vine Street, wo Bob Dylan im Studio B sein Album »Shadows In The Night«, seine Hommage ans American Songbook, aufgenommen hat, müssen wir konsequenterweise auch noch. Für alle Fälle filmen wir diese und einige weitere Locations wenigstens von draußen, denn man weiß ja nie, wofür man's später mal brauchen könnte.

SAN DIEGO

Von unserem Hotel aus sind es ungefähr zweihundert Kilometer bis nach San Diego, und von da aus nur noch knapp dreißig Kilometer bis zur mexikanischen Grenze bei Tijuana. Allerdings wollen wir lediglich ins Hinterland von San Diego, ins »Harrah's Resort Southern California/Valley Center«, weil da am letzten Abend unserer Rundreise Bob Dylan zum Tourstart eines weiteren Teils seiner seit 1988 auch offiziell betitelten »Never Ending Tour« im Saal eines sogenannten »Indianer Casinos« auftritt. In den Siebzigerjahren hatten clevere Juristen eine Gesetzeslücke gefunden, nach der die amerikanischen Ureinwohner in ihren Reservaten anscheinend nicht den gesetzlichen

Glücksspiel-Restriktionen unterliegen. Von daher kam es schließlich zu Verabschiedung des »Indian Gaming Regulatory Act« durch den US-Kongress, der es den von der Regierung anerkannten »Indian Nations« erlaubte, auf ihren Stammesterritorien Spielcasinos zu betreiben. Bis dahin war nur Nevada von den Glücksspiel-Restriktionen ausgenommen. Dort hatte man während der Weltwirtschaftskrise von 1929 die Bestimmungen gelockert, vor allem, um Tausenden von Arbeitern, die in diesen Jahren den Hoover-Damm bauten, etwas zu bieten, wo sie Dampf ablassen konnten. So entstand aus dem Wüstenkaff Las Vegas eine »Sin City«, in der Glücksspiel und Prostitution legalisiert waren. Bis zur Abschaffung der Prohibition hatte die Mafia dafür gesorgt, dass es auch geistige Getränke gab. Danach hat sich das für die Jungs anscheinend nicht mehr richtig rentiert.

Jedenfalls spielt der Meister diesmal in einem für meinen Geschmack eher gewöhnungsbedürftigen Umfeld. Außer einem riesigen, hell beleuchteten Billboard, auf dem angekündigt wird, dass am Abend »Bob Dylan & His Band« hier auftritt, lässt nichts darauf schließen, dass heute etwas Außergewöhnliches stattfinden wird. Nicht mal grelle Leuchtreklamen à la Las Vegas verkünden, dass sich in diesem eher biederen Hotelkomplex ein Spielcasino befindet. Erst wenn man durch die Drehtür kommt und eigentlich nur eine stinknormale Rezeption erwartet hat, rafft man, wo man hier gelandet ist. In einem riesigen Saal voller Spielautomaten, einarmigen Banditen, Black Jack, Würfel, Roulette und Pokertischen. Dazwischen Bars und verschiedene Kettenrestaurants. Ich kann mir nicht helfen, so unwohl wie hier habe ich mich auf der ganzen Reise nicht gefühlt. Es stinkt förmlich nach Abzocke, und damit meine ich noch nicht mal die Ticketpreise für das heutige Konzert, die allerdings mit 185 Dollar pro Nase auch nicht besonders sozial ausfallen. Müßig zu erwähnen, dass wir keine Dreherlaubnis bekommen haben. Immerhin haben wir's versucht, waren uns jedoch von vornherein darüber im Klaren, dass wir diesbezüglich eigentlich chancenlos waren. Noch nicht mal im Casino selbst durften wir drehen. Wäre halt traumhaft gewesen, wenigstens für den Abspann ein paar

Bilder aus diesem Ambiente zu haben, nachdem wir den Protagonisten ja schließlich ausfindig gemacht hatten.

Der Saal, in dem das Konzert stattfindet, erinnert mich stark an die Aula des musisch-neusprachlichen Humboldt-Gymnasiums. In den Stuhlreihen kommen Tina und ich uns dann auch exakt so vor wie beim Elternvorspiel, als unsere Töchter noch dort zur Schule gingen. Gleich würde der Direktor die Eltern willkommen heißen, den Schulchor ankündigen und im Laufe des Abends dann die Einzeldarbietungen. Ich kann mich noch sehr gut daran erinnern, dass ich bei diesen Veranstaltungen mit den Kindern deutlich mehr unter Lampenfieber gelitten habe als bei meinen eigenen Gigs. Allerdings steht diesmal eindeutig das Instrumentarium einer Rockband auf der Bühne, und fast pünktlich um 21 Uhr gibt es die bewährte Ansage aus dem Off: »Please welcome Columbia Recording Artist Bob Dylan!« Die Band geht gemessenen Schrittes an ihre Positionen, und der Meister nimmt hinter einem Konzertflügel Platz. Er wirkt ausgeruht. Die Tourpause hat ihm wohl gutgetan. Entsprechend schwungvoll geht es in den ersten Song, obwohl der von einem bekümmerten Mann mit einem bekümmerten Geist handelt. Für »Things Have Changed« hatte er 2001 einen Oscar bekommen. Seitdem steht der goldene Nackedei bei jedem seiner Konzerte auf einem Verstärker. So auch heute. Ich muss an den Anfang unserer Reise denken, als ich im Morgengrauen in Washington am Lincoln Memorial »The Times They Are A-Changin'« gespielt hatte. Es kommt mir fast so vor, als wollte Dylan unser Resümee vorwegnehmen:

Die Leute sind irre und die Zeiten seltsam
Ich bin mittendrin, ich bin außer Reichweite
Ich habe mal Anteil genommen
Aber die Zeiten haben sich geändert.

Er spielt eine erfreulich mutige Setliste, mit einem großen Prozentsatz von Songs ab »Time Out Of Mind«, dem zweiten Album, das er 1997 endlich wieder mit Daniel Lanois als Produzenten aufgenommen hat. Selbstverständlich gibt's auch einige Klassiker wie »It Ain't Me, Babe« und »Highway 61«, aber erfreulich wenige sentimentale Evergreens aus dem American Songbook wie »September Of My Years«, das man von Frank Sinatra kennt, oder »Autumn Leaves«, den frühen Nat-King-Cole-Hit, der inzwischen sogar von Eric Clapton gecovert wurde. Für mich ist es völlig okay, dass er diese Sinatra-Repertoire-Platten gemacht hat. Sie sind liebevoll arrangiert, und er hat sich größte Mühe gegeben, »schön« zu singen, aber wenn ich ehrlich bin, muss ich zugeben, dass ich vor jedem seiner Konzerte in den letzten Jahren gehofft habe, dass er möglichst viele seiner eigenen Songs spielt. Heute gibt's diesbezüglich keinen Grund zu klagen. Er scheint mit der Sinatra-Phase durch zu sein. Ich freue mich am meisten über »Tryin' To Get To Heaven«, wo er singt, er sei überall auf der Welt gewesen, und jetzt versuche er nur noch, zum Himmel zu kommen, ehe sie das Tor verrammeln.

Nach der Show besuchen wir backstage noch den Tourmanager, mit dem Hannes bei irgendeiner Gelegenheit mal zusammengearbeitet hat. Zu diesem Zeitpunkt ist Bob schon wieder unterwegs nach Las Vegas, wo er am nächsten Abend im

Cosmopolitan Hotel dieselben Songs in nur leicht veränderter Reihenfolge spielen wird, während wir irgendwo über dem Atlantik in Richtung Frankfurt fliegen. Hoffentlich schaffe ich es, im Flugzeug zu schlafen, denn auch die kommenden Tage werden hart. Die Veröffentlichung meines »Familienalbums« steht an, und man hat mir kurzfristig angeboten, zwei Songs im ARD-Morgenmagazin zu spielen. Das einzige Problem ist, dass es dafür gar keine Band gibt. Nur gut, dass wir viele ebenso großartige wie flexible Musiker kennen. Während unserer Tage in San Francisco und L.A. musste Tina also fleißig telefonieren und e-mailen, bis wir eine ordentliche Kapelle für diesen Zweck zusammenhatten. Ulle und Anne hatten Zeit, Julian Dawson ebenfalls. Fürs Schlagzeug konnten wir Tim Neuhaus (Cluesos Drummer) verpflichten, und worüber ich mich besonders freute: Ken Taylor, mein alter Leopardefellband-Kumpel, würde Bass spielen. Unter dem Motto »Jetlag ist Hippiekram« würden wir nach der Ankunft bei uns zu Hause die zwei Songs mal durchspielen, um am nächsten Morgen um fünf Uhr beim WDR vor der

Sendung zu soundchecken und schließlich gegen sieben Uhr unsere zwei Songs zu performen. Als Erstes den Titelsong des Familienalbums »Reinrassije Strooßekööter« und als Zugabe, bei der die drei Moderatoren auch mitwirken würden, »You Ain't Goin' Nowhere«. Auf die Schnelle hatte ich mir zwischendurch ein paar kölsche Nonsens-Strophen für dieses Lied ausgedacht, das ich noch vor Kurzem in Woodstock mit Happy Traum gespielt hatte.

Dä Rään, der fällt uss schwere Wolke,
Wasserleitung ennjefroore.
Winter bringk nur Röggeping,
du jehs nirjendwo hin.

Djingis Khan säät: »Hör'ens Don,
ir'ndwie muss et wiggerjonn.«
Doch dä Don säht: »Leeve Djingis,
besser, wenn du nir'ndwo hinjings!«

Am Refrain habe ich mich aus praktischen Erwägungen gar nicht erst versucht. Den hab ich mal schön in der Originalsprache belassen. Weiß der Teufel, wer da demnächst auf Tour noch alles mit-singt, denn Englisch haben erstaunlicherweise doch mehr Kollegen drauf als Kölsch.

Whoo-we, ride me high
Tomorrow's the day
My bride's gonna come
Whoo-we, we gonna fly
Down in the easy chair!

ANNEX

Unsere Dylan-Reise fand im Herbst 2017 statt, in Trumps erstem Amtsjahr. Drei Jahre später, im Corona-Sommer, bin ich dann endlich mal dazu gekommen, dieses Buch zu schreiben. In der Zwischenzeit ist natürlich auch schon wieder ganz viel bei uns passiert. Kurzfassung: Wir sind als BAP mit meinem Soloalbum 2018 auf Tournee gegangen, nach dem ersten Tourteil haben wir ein Live-Album veröffentlicht, das ursprünglich gar nicht geplant war, und dann ging es auch schon wieder mit der Arbeit am nächsten regulären Studioalbum los. Der erste Text, den ich für »Alles fließt«, wie das Album schließlich heißen sollte, geschrieben habe, handelt von der Angst vor dem Wiedererstarken antidemokratischer, repressiver und zerstörerischer Kräfte. Spätestens nach Trumps Wahl zum mächtigsten Mann der Welt hatten die Populisten überall Morgenluft gewittert. Leider auch in Europa:

Räächte Pharisäer, scheinheilisch un feist,
prädije Barbareie, radikal jeschmacksbefreit.
Schweinebauchverkäufer, miese Package-Deals,
Inflation der Bilder, gute Miene, böses Spiel.
Lüje fleeje, un die Wohrheit humpelt hingerher.
Die schlemmste Lüje sinn die,
wo mer selver draan jläuv.
Ich kumm mir vüür wie 'ne Kreisel,
dä rotiert, bess e' fällt.

Zeitgeist, zum Monster mutiert,
erntet jetz wat e' jesäät.
Fake-News, jeziel ennjesetz,
Algorithme, Twitter, alternative Facts.
Spürs du die Ruhe vor'm Sturm?
Kütt dir nit ir'ndjet bekannt vüür?

Es ist erschütternd, mit ansehen zu müssen, wie einfache, gutgläubige Menschen diesen skrupellosen Rattenfängern auf den Leim gehen. Trump habe in den vergangenen vier Jahren den amerikanischen Traum verramscht, habe ich vor Kurzem in einem Interview mit Bruce Springsteen gelesen.

Ab August 2019, nach dem zweiten Teil der Tour, haben wir das neue Album aufgenommen, mit dem Plan, es im September 2020 rauszubringen, im März 2021 meinen siebzigsten Geburtstag in der Kölnarena zu feiern und das restliche Jahr auf Tournee zu verbringen. Inzwischen wissen wir, dass wir unsere Rechnung ohne das Coronavirus gemacht haben. Zuerst hatte ich mir noch Illusionen gemacht, der Spuk würde irgendwann im Laufe des Jahres vorbei sein, aber als ich mitkriegte, dass die Leute nach dem ersten Lockdown im Frühjahr immer unvorsichtiger wurden, schwante mir Übles. Mittlerweile erleben wir die zweite Welle. Teil-Lockdown, Meldungen von einsatzfähigem Impfstoff machen neuerdings die Runde, aber ab wann Planungssicherheit besteht, kann (Stand: Mitte Dezember) keiner sagen. Die Arbeit an meinem Dylan-Buch musste ich für ein paar Wochen unterbrechen, um den September über diverse Promo-Termine zur Veröffentlichung des neuen Albums wahrzunehmen, dann durfte ich weiterschreiben. Und wie es der Zufall wollte, war ich mit der ersten Rohfassung ausgerechnet am Abend des 3. November durch. Morgen früh würde es die ersten US-Wahlergebnisse geben. Je näher ich beim Schreiben dem Ende unserer Reise gekommen war, desto mehr wurde mir bewusst, dass ich unmöglich in einem Buch, das von den Dreharbeiten zu einer Dokumentation mit dem Titel »Bob Dylans Amerika« berichtet, die aktuellen Entwicklungen in diesem gebeutelten Land, das wir vor drei Jahren bereist hatten, unter den Tisch fallen lassen durfte.

Am 4. November habe ich mir den Wecker auf sechs Uhr gestellt und von da an vier Tage lang aufmerksam die Nachrichten verfolgt, bis es am Sonntagnachmittag endlich klar war, dass Joe Biden die Wahl gewonnen hat und der Lügner abgewählt wurde. Wenigstens mal ein Lichtblick, der allerdings nicht darüber hinwegtäuschen sollte, dass die Gesellschaft in den USA bis auf Weiteres tief gespalten ist. Es sind ja nicht nur naive, »bildungs-ferne« Amerikaner, die Trump gewählt haben (ganz zu schweigen von den waffenstarrenden Schwach-maten, die bereit sind, einen Bürgerkrieg anzuzet-teln), sondern eben auch die, die sich die Nase zu-hielten und ihn angekreuzt haben, weil er für die republikanische Partei als Türöffner zur Macht funktioniert hat und unmittelbar Steuersenkungen für die Reichen durchsetzte. Ich frage mich ernst-haft, wieso diese Art von Wählern nicht an ihre Kinder oder Enkel denken, deren Zukunft auf dem Spiel steht. Ein Spiel mit dem Feuer, das furchtbar schiefgehen kann und bei dem man sich irgend-wann in einer Sackgasse wiederfindet, die in die Au-tokratie oder, noch schlimmer, in den Faschismus führt. Kein Zweifel, das Wahlergebnis bedeutet eine Atempause, mehr nicht.

Zwischendurch hatte ich mir ein paar Gedanken daüber gemacht, wie ich die momentane Entwick-lung in den USA in dieses Buch über Bob Dylan ein-fließen lassen könnte. Mir fiel eine Tabelle ein, die ich mir angefertigt hatte, nachdem ich im Hibbing-Kapitel die Geschichte von Obamas **bescheidenem**

Statement nach der Verleihung der Freiheitsmedaille an Dylan erwähnt habe: Er sei halt nur der amerikanische Präsident, während der Ausgezeichnete Bob Dylan sei. Ein Äpfel- und Birnenvergleich, klar. Aber ich denke nicht, dass Obama da nur kokettiert hat. Er wird sich sehr wohl darüber bewusst gewesen sein, welche Bedeutung Dylan für die kulturelle Entwicklung seines Landes seit der Kennedy-Ära hatte. Ich fand es spannend, einmal zu recherchieren, welches Dylan-Album unter welcher Regentschaft entstanden ist. Geboren wurde er bekanntlich während des Zweiten Weltkriegs, als Franklin D. Roosevelt bereits acht Jahre an der Macht war. Wie man aus »Chronicles« weiß, hat der kleine Bob sogar mal einen Wahlkampf-Auftritt von Harry S. Truman in Duluth miterlebt. Truman wurde 1953 von Dwight D. Eisenhower abgelöst, dann kam auch schon John F. Kennedy an die Macht, den Dylan ein halbes Jahr vor seiner Ermordung in seinem Song »I Shall Be Free« auf seinem zweiten Album so charmant auf den Arm genommen hatte. Den nicht nur zahlenmäßig bedeutendsten Output hatte Dylan während der fünfjährigen Amtszeit von Lyndon B.

Johnson, der, wie auch Truman, als Vizepräsident den Job übernommen hatte. In diesem Zeitraum stellte Dylan die Weichen für so ziemlich alles, was in der Rockmusik textmäßig seitdem kam. Vor ein paar Wochen habe ich für eine Dokumentation über den in der Musikszene sehr beliebten Präsidenten Jimmy Carter Bobs Stimme synchronisiert. Vorher habe ich in meiner Tabelle nachgeschaut, welche Alben er im Verlauf der Carter-Amtszeit rausgebracht hat, und war überrascht, dass zwei seiner drei Alben aus der »Born-Again«-Phase in diesem Zeitraum erschienen sind.

Ich habe auch überlegt, was meine eigenen ersten politischen Erinnerungen sind. Abgesehen davon, dass mein Vater jeden Sonntag den »Internationalen Frühschoppen« mit Werner Höfer hörte, waren es die Erinnerungen an den Mauerbau und an die Kuba-Krise. Ich war damals gerade erst ein halbes Jahr im Internat in Rheinbach, und plötzlich redeten die großen Jungs vom bevorstehenden Dritten Weltkrieg. Wann immer ich daran denke, spüre ich vor allem die Angst, die ich damals hatte. Es war der Horror. Ich wusste nicht, was ich tun sollte, wenn es mit dem Krieg losgeht. Meine Eltern, die Bescheid wussten, waren in Köln, aber ich durfte nur jedes dritte Wochenende nach Hause. Wenn schon Krieg, dann wollte ich wenigstens bei meinen Leuten sein. Also habe ich ihnen einen Brief geschrieben, sie sollten mich holen, den mit allen ungestempelten Briefmarken aus meiner Sammlung beklebt (egal ob das Marken aus San Marino, Ungarn oder Spanien waren), ihn an der Zensur vorbeigeschmuggelt, mich unerlaubt vom Internatsgelände entfernt und ihn in den großen gelben Briefkasten mit dem Posthorn geworfen. Zwei Tage später haben meine Eltern in Köln alles stehen und liegen gelassen und sind in die Voreifel gedüst, um mich zu beruhigen. Irgendein netter Briefträger hatte meinen Brief tatsächlich zugestellt. Ein halbes Jahr vorher, im März 1962, hatte Bob Dylan, von mir unbemerkt, sein erstes Album rausgebracht, und es sollte noch vier Jahre dauern, bis »Like A Rolling Stone« mich doch noch angefixt hat.

Was ich damit sagen will: Bob Dylan war, wenn auch unbemerkt, immer da für mich. Wenn ich mir meine Liste anschaue, dann weiß ich, welches seiner Alben aktuell war, als meine Kinder geboren wurden. Von »Infidels« (Severin) bis »World Gone Wrong« (Jojo), als meine erste Ehe endgültig in die Brüche ging, als Tina geboren wurde, als meine Mutter gestorben ist, als John Lennon ermordet wurde (dem er 32 Jahre später auf »Tempest« mit »Roll On John« eine berührende Hommage geschrieben hat), als der Vietnam-Krieg endete (nämlich in dem Jahr zwischen »Blood On The Tracks« und »Desire«), als in Tschernobyl der Reaktor hochging, als der erste Irakkrieg losging, als der zweite Irakkrieg losging, als die Mauer fiel … usw.

Wie so viele Dylan-Fans hatte ich vor, mir am 11. September 2001 das an diesem Tag erscheinende Album »Love And Theft« zu kaufen. Stattdessen habe ich auf dem Fernsehschirm miterleben müssen, wie auch in den zweiten Turm des World Trade Center ein Passagierflugzeug raste. Erst ein paar Tage später war ich in der Lage, mir das neue Album anzuhören. Seitdem ist »Liebe und Diebstahl« und besonders der Song »High Water« auf ewig verbunden mit den erschütternden Bildern dieses Tages.

Hochwasser steigt, die Hütten rutschen weg
Leute verlieren ihren Besitz –
Leute verlassen die Stadt
(…) es ist hart da draußen. Hochwasser überall.

Ist es ein Zufall, dass Bob Dylan seine drei schwächsten Alben während der Reagan-Ära rausgebracht hat, oder war doch nur eine Midlife-Crisis daran schuld? Ich weiß es nicht. Mir persönlich hilft es jedenfalls beim Einlassen auf ein Buch, ein Lied, einen Film oder ein Kunstwerk, wenn ich noch mal rekapituliere, was auf der Welt passiert ist, während der Künstler daran arbeitete. Mit Sicherheit ist es kein Zufall, dass das aktuelle Dylan-Album, das gegen Ende der erfreulicherweise dann doch nur vier Jahre währenden Trump-Regentschaft erschien, »Rough And Rowdy Ways« (Raue und wütende Wege) betitelt ist. Vielleicht ist es sein letztes Studio-Album, denn im Mai 2021 wird er achtzig. Niemand weiß, ab wann man wieder touren darf, und es macht mich darüber hinaus stutzig, dass er Anfang Dezember 2020 seine Song-Rechte an den Musikkonzern Universal verkauft hat. Aber es ist kein Endzeit-Album, eher ein reifes Alterswerk, mit resignativem Grundton, das sich irgendwie nahtlos an »Tempest« aus dem Jahr 2012 anschließt. Mal sehen, was da noch kommt. Man darf gespannt sein.

Time is an ocean but it ends at the shore
You may not see me tomorrow
BOB DYLAN/OH, SISTER

Album	Date	Year	President
Bob Dylan	16. März	1962	John F. Kennedy / D.
The Freewheelin Bob Dylan	27. Mai	1963	20. Jan. '61 – 22. Nov '63
The Times They Are -A- Changin	13. Jan.	1964	
Another Side Of Bob Dylan	8. Aug.	1964	
Bringin' It All Back Home	22. März	1965	
Highway 61 – Revisited	30. Aug.	1965	Lyndon B. Johnson / D.
Blonde On Blonde	16. Mai	1966	22. Nov.'63 – 20. Jan. '69
Basement Tapes (erschienen 1975)	20. Juni	1967	
John Wesley Harding	27. Dez.	1967	
Nashville Skyline	9. April	1969	
Self Portrait	8. Juni	1970	
New Morning	21. Okt.	1970	Richard Nixon / R.
Pat Garrett & Billy The Kid	13. Juli	1973	20. Jan. '69 – 9. Aug. '74
Planet Waves	17. Jan.	1974	
Blood on The Tracks	20. Jan.	1975	Gerald Ford / R.
Desire	5. Jan.	1976	9. Aug. 74 – 20. Jan. '77
Street Legal	15. Juni	1978	
Slow Train Coming	20. Aug.	1979	Jimmy Carter / D.
Saved	19. Juni	1980	20. Jan. '77 – 20. Jan. '81
Shot Of Love	12. August	1981	
Infidels	27. Okt.	1983	
Empire Burlesque	10. Juni	1985	Ronald Reagan / R.
Knocked Out Loaded	14. Juli	1986	20. Jan. '81 – 20. Jan. '89
Down In The Groove	19. Mai	1988	
Oh Mercy	12. September	1989	
Under A Red Sky	11. September	1990	George H. Bush / R.
Good As I Been To You	3. Nov.	1992	20. Jan. '89 – 20. Jan '93
World Gone Wrong	26. Okt.	1993	Bill Clinton / D.
Time Out Of Mind	27. Sept.	1997	20. Jan '93 – 20. Jan. 2001
Love And Theft	11. September	2001	George W. Bush / R.
Modern Times	29. August	2006	20. Jan 2001 – 20. Jan. 2009
Together Through Life	26. April	2009	
Christmas In The Heart	13. Okt.	2009	Barrack Obama / D.
Tempest	11. September	2012	20. Jan. 09 – 20. Jan 2017
Shadows In The Night	3. Feb.	2015	
Fallen Angels	20. Mai	2016	
Triplicate	31. März	2017	Donald Trump / R.
Rough And Rowdy Ways	19. Juni	2020	20. Jan 2017 – 20. Jan 2021
			Joe Biden / D.
			20. Jan. 2021 –

Ich bedanke mich bei Hannes Rossacher, der die Idee zu unserer Reise hatte, seinem Team, bestehend aus Christoph Pöthke, Alex Seidenstücker und Daniel Waldecker, sowie bei meinem alten Freund Helge Malchow, der erfreulicherweise nicht locker gelassen hat, denn eigentlich hatte ich gar keine Zeit, dieses Buch zu schreiben. Und dann kam alles anders.

MUSIK
KiWi
BIBLIO
THEK

TINO HANEKAMP über **NICK CAVE**
SOPHIE PASSMANN über **FRANK OCEAN**
ANJA RÜTZEL über **TAKE THAT**
THEES UHLMANN über **DIE TOTEN HOSEN**
KLAUS MODICK über **LEONARD COHEN**
LADY BITCH RAY über **MADONNA**
FRANK GOOSEN über **THE BEATLES**
CHILLY GONZALES über **ENYA**
ANTONIA BAUM über **EMINEM**
MARKUS KAVKA über **DEPECHE MODE**
MELANIE RAABE über **LADY GAGA**
WOLFGANG NIEDECKEN über **BOB DYLAN**

KiWi MUSIKBIBLIOTHEK
WWW.KIWI-VERLAG.DE/MUSIKBIBLIOTHEK

Verlag Kiepenheuer & Witsch, FSC® N001512

1. Auflage 2021

© 2021, Verlag Kiepenheuer & Witsch, Köln
Alle Rechte vorbehalten.
Covergestaltung FAVORITBÜRO, München
Gesetzt aus der Calluna und der Acre Bold
Satz Buch-Werkstatt GmbH, Bad Aibling
Druck und Bindung CPI books GmbH, Leck
ISBN 978-3-462-00120-4

Es gibt sicher keinen anderen deutschen Musiker, der eine solche Nähe zu Bob Dylan hat wie Wolfgang Niedecken. Seit Jahrzehnten prägt er mit seiner Band BAP und als Solomusiker die deutschsprachige Rockmusik und setzt sich dabei immer wieder mit dem Werk Bob Dylans auseinander: Er hat zahlreiche Coverversionen von Dylan-Songs veröffentlicht, hat Bob Dylans Buch »Chronicles« als Hörbuch eingelesen und im Buchhandel und auf Veranstaltungen präsentiert, er ist den Lebensspuren Bob Dylans in der ARTE-Produktion »Bob Dylans Amerika« gefolgt, er hat sein Vorbild mehrmals persönlich getroffen. In seinem Buch erzählt Wolfgang Niedecken lebendig von diesen Treffen und den Berührungspunkten zwischen seinem eigenen Werk und den Inspirationen, die er durch die Musik und die Texte des Literaturnobelpreisträgers Bob Dylan erhalten hat.

Wolfgang Niedecken, geboren 1951 in Köln. 1976 Gründung der Band BAP, von der bisher 20 Studioalben und sieben Live-Alben erschienen sind. Daneben veröffentlichte Wolfgang Niedecken fünf Soloalben. Buchveröffentlichungen: »Auskunft«, KiWi, Köln 1990, »Verdamp lang her«, KiWi, Köln 1999, »Für 'ne Moment«, Autobiografie, Hamburg 2011, »Zugabe/Die Geschichte einer Rückkehr«, Hamburg 2013, und »Das Logbuch der Jubiläumstour«, Hamburg 2016.